39,90

Fátima Mesquita

Piratas

Os personagens mais terríveis da história

Ilustrações

Marcelo Pacheco

Sattu

PANDA BOOKS

Supervisão Editorial
Marcelo Duarte

Assistente Editorial
Tatiana Fulas

Projeto Gráfico e Diagramação
A+ Comunicação

Assistente de Pesquisa
Dodora Mesquita

Preparação
Cristiane Goulart

Revisão
Telma Baeza G. Dias
Cristiane Goulart

CIP - BRASIL. CATALOGAÇÃO NA FONTE
SINDICATO NACIONAL DOS EDITORES DE LIVROS, RJ

M544a

Mesquita, Fátima.

Piratas. Os personagens mais terríveis da História. Fátima Mesquita. – 1ª.ed. – São Paulo : Panda Books, 2008.

1. Piratas – Literatura juvenil. 2. Corsários – Literatura juvenil. 3. Vikings – Literatura juvenil. I. Título.

07-0613 CDD 364.16409
CDU 343.712.2(09)

2008

Panda Books
Um selo da Editora Original Ltda.
Rua Lisboa, 502 – 05413-000 – São Paulo – SP
Tel.: (11) 3088-8444 – Fax: (11) 3063-4998
edoriginal@pandabooks.com.br
www.pandabooks.com.br

Este livro vai se espalhar por aí, dedicado às criaturas que mais me fazem rir hoje em dia: meus sobrinhos Lucas e Ollie, e os gêmeos Nicholas e Victor.

Sumário

Verdades mutantes

Sempre gostei de fazer prova na escola que tinha questões de CERTO ou ERRADO, FALSO ou VERDADEIRO. E sempre me irritei porque, na vida fora da sala de aula, parece que as respostas para questões desse tipo não são assim tão fáceis de encontrar. Veja só: todo mundo concorda que matar outro ser humano é errado. Mas todo país se mete em guerra e mata gente. E é difícil engolir as desculpas. Será que eles não estudaram a matéria?

O que parece acontecer é que a idéia do que é certo e errado pode ser mutante, pode mudar o tempo todo. Como se fossem aquelas figurinhas que vêm de brinde dentro de saco de batata frita e que mostram um bicho numa posição assim e depois noutra bem assada.

Foi o que ocorreu, por exemplo, com a escravidão. Enquanto era lucrativo e interessante, vários povos acharam que não havia nada errado em escravizar. Mas, de repente, aquilo parece ter perdido a utilidade. Todo mundo mudou de idéia. E foi assim também com a pirataria. Enquanto ela enchia os cofres do governo, era bacanuda, coisa de corsário, de heróis. Quando ela esvaziava o cofre do mesmo governo, aí era coisa de bandido. Confuso, né?

O certo é que as idéias do que é certo e errado podem mudar, de acordo com o tempo e os interesses, a perspectiva de quem conta o caso. A gente tem de se adaptar e acompanhá-las. Precisa ficar esperto e entender o que está dito e escrito e o que está escondidinho entre as palavras, nas entrelinhas.

Pois este livro trata disso: de como bandidos foram tratados, muitas vezes, como heróis. E de como gente que às vezes só queria vender e comprar coisas foi tratada como bandido. É então sobre piratas, pixilingues, *vikings*, filibusteiros, corsários e os nojentos, ops, os respeitáveis contratantes desses ladrões.

Aviso aos navegantes

Durante o livro todo uso sem medidas a palavra pirata (e umas variantes que invento) para me referir a todo e qualquer tipo de atacante de navios. Mas você vai notar que há nomes específicos dados a esses bandidos em diferentes épocas e locais e também de acordo com, digamos, o estilo de ação deles. Eu achei que seria prático ter esse esclarecimento aqui, de modo que, se no meio da leitura deste lindo, maravilhoso, fantástico e educativo livro, pintar alguma dúvida, você pode vir aqui, fácil-fácil para matar a duvidosa num segundo, dando uma relida na definição das palavras corsário, bucaneiro, filibusteiro e ainda na expressão Piratas do Caribe. Olha aí:

Corsários
tinham autorização do governo para atacar navios mercantes ou não de outros países.

Piratas do Caribe
são mais ou menos da mesma fase dos filibusteiros, mas atacavam na mesma área dos bucaneiros.

Filibusteiros
piratas dos Estados Unidos dos séculos XVII e XVIII.

Bucaneiros
eram os piratas das Antilhas que atacaram entre os séculos XVI e XVII.

Grécia e Roma

Animus furundi

(quer dizer "com a intenção de roubar", em latim)

Se tem uma coisa certa é o fato de a pirataria ser um treco antigo, mas muuuuito antigo mesmo. Naquela tal Antiguidade da Grécia e de Roma, por exemplo, esse estilo de bandidagem já corria solto. Tanto era assim que os gregos foram os primeiros a dar nome àqueles encrenqueiros, chamando os sujeitos de *peirates* – que mais soa como um peido pirateado, hein?

Na Grécia, os fulanos adoravam atacar embarcações que davam bobeira no mar Egeu, porque o lugar é cheio de ilhotinhas e cantinhos perfeitos tanto para emboscada como para esconderijo. Além de limpar o carregamento de qualquer barcarola que desse mole, os bandidos do mar gostavam de atacar vilas: roubavam tudo e seqüestravam as pessoas para depois pedir resgate, ou ainda vendê-las como escravos.

No século XVII, o famoso padre jesuíta **Antônio Vieira** escreveu o "Sermão do bom ladrão". No texto, ele repete o que um pirata teria dito ao grande Alexandre: "Eu, porque roubo em uma barca, sou ladrão; e vós, porque roubais em uma armada, sois imperador".

O alvo predileto dos greguinhos da piratagem eram comerciantes fenícios navegando carregados de prata. Mas, na prática, eles não perdoavam nada, nem barquinho meia-boca de pescador chulé. Mesmo porque todo mundo podia virar escravo, e escravo era sinônimo de altos lucros.

Quem começou a dar um chega-pra-lá na pirataria grega foi Alexandre, o tal do Grande. Aí a coisa foi declinando, caindo, murchando, até deixar de ser o pavor que era antes. Esses bandidos só voltaram mesmo com força quando Roma entrou em uma série de guerras com Cartagena nos séculos III e II a.C., porque, nessa pendenga, os dois lados deram de comissionar salteadores para atacar o inimigo aqui e ali.

Enquanto Roma comia mosca

Por volta de 150 a.C., o mar do Mediterrâneo foi completamente dominado pelos piratas. Roma deu bobeira e não acabou com esses encrenqueiros quando eles eram poucos. Só acordou para o bafafá quando o negócio já estava enorme, feito um monstro de sete cabeças. Mas não foi por conta do nada que Roma comeu mosca. O comércio de escravos era algo importante para a economia romana, e a pirataria era um excelente fornecedor desse "produto".

A base predileta dos piratas era a costa do que hoje é a Turquia, num recanto chamado Cilícia. Era dali que eles partiam para atormentar cidades que, na tentativa de ter algum sossego, passaram a pagar por proteção, ou seja, pagavam para que não fossem alvo dos bandidos. Um tiquinho mais tarde, no entanto, os meliantes ficaram tão cara-de-pau que começaram a atacar em terra, indo atrapalhar a vida de quem se aventurasse pela famosa estrada Via Ápia, seqüestrando gente importante para depois pedir altos resgates.

Os **cilicianos** tinham o malvado hábito de amarrar seus prisioneiros de dois em dois, de costas um para o outro. Daí jogavam o duo no mar. E glub, glub, glub, tchau.

PROMOÇÃO: COMPRE UM ESCRAVO E LEVE DOIS

Naquela época, o auê comercial acontecia no mercado do porto de Delos. Ali, os larápios vendiam escravos e carga roubada para romanos cheios de bufunfa e vazios de qualquer escrúpulo. Enquanto isso, em outros portos, os piratinhas deixavam espiões de plantão para descobrir quem ia partir para aonde, quando e como. Assim, eles ficavam por dentro do que era mais lucrativo pilhar.

No entanto, chegou uma hora que aquela piratagem torrou a paciência dos romanos. Afinal de contas, estava mesmo ficando impossível levar e trazer mercadorias pelo Mediterrâneo. Eles colocaram, então, Pompeu para dar um jeito naquilo. O sr. Pompeu juntou 270 barcos e partiu com tudo para cima dos piratas. Em poucos meses, mudou o curso da História: os bandidos navegadores tremiam nas bases ao ouvir falar o nome dele. Isso fez com que a maior parte dos piratas se aposentasse voluntariamente, e o restante se entregasse sem luta. Deste modo, Pompeu acabou famoso por ter colocado um fim naquele problemão na maior paz, sem muito derramamento de sangue e numa rapidez impressionante.

O LARÁPIO

Há quem diga que a origem da palavra larápio deve-se à venda de sentenças que o juiz Lucius Antonius Rufus Appius fazia sem dó na Roma. Quando era hora de assinar o documento, ele escrevia: L. A. R. Appius.

FILHO DE PEIXE, PÁSSARO É

Pompeu foi o grande caçador de bandidos navegantes da sua época, mas o filho dele foi parar no avesso da História: Sexto Pompeu virou pirata por conta de uma pendenga política com Otaviano que, por sinal, acabou vencedor da peleja, com Sexto sendo executado.

Esse Otaviano foi imperador romano e ficou no cargo por 44 anos. Ele assumiu o posto depois que seu tio-avô, Júlio César, foi assassinado. O poderoso Júlio tinha já adotado o rapaz e feito o sobrinho seu herdeiro. E é aí que começa a maior trocação de nome que eu já vi em livro de História. O cara nasceu como Caio Otávio e todo mundo o chamava de Otaviano, mas por causa desse teretetê com o tio Júlio, ele mudou o nome para Caio Júlio César Otaviano. Mais um tempinho, deu na sapituca trocar o nome de novo para César Augusto e, mais tarde ainda, para pura e simplesmente Augusto.

O resgate do mala

Júlio César foi imperador romano antes de seu sobrinho, Otaviano. Mas você sabia que quando Julinho era jovem, ele foi vítima dos piratas da Cilícia? Pois é, o jovem incauto seguia via mar para Rodes, onde ia estudar Direito. Os piratas capturaram o navio e saíram logo pedindo um resgate de trinta talentos pelo Julinho – o que era uma senhora de uma grana. Mas o próprio mala-sem-alça do seqüestrado disse que ele valia mais. Então os piratas passaram o valor do resgate para cinqüenta talentos.

Além disso, no mês e meio que levou até a mensagem seguir para Roma e o dinheiro chegar, os piratas tiveram que agüentar aquele pentelho dando ordens, esculachando, enchendo a paçoca. E depois, na hora de ir embora, o insolente ainda avisou que ia voltar e acabar com a raça deles.

Dito e feito. O dinheiro chegou, Júlio César partiu e logo depois voltou pra vingança com quatro barcos e quinhentos homens. Daí eles venceram os piratas e puniram os sobreviventes fazendo um corte na garganta de cada um deles antes de crucificá-los.

GALERA

As águas do mar Mediterrâneo são relativamente calmas, de pouca ventarola. Por isso, os romanos acharam mais sensato construir um barco com três fileiras de remadores para dar propulsão à coisa. Aquilo devia ser um emprego danado de ruim e por isso mesmo eles metiam escravos na remação. Vem daí o costume de chamar a torcida de futebol de "galera" e que evoluiu até a gente usar o termo para qualquer grupo de pessoas. Como se a galera da sua escola estivesse mesmo a fim de remar feito louco com um chicotinho cantando nas costas.

MOÇO TALENTOSO!

Se você dissesse isso na Roma de antigamente, estaria falando de um rapaz rico, cheio de moedas. É que, no lugar de real, o dinheiro deles era chamado "talento". Quanto mais talentos você tinha, mais rico era!

Os vikings

Salve-se quem puder

O pessoal das tribos que sentaram praça bem ao Norte da Europa por volta de 1000 a.C. é conhecido como normandos ou escandinavos. Por volta de sete séculos depois, esse povo construiu umas belezuras de barcos, os *drakkars*, que davam conta de levá-los a distâncias nunca dantes navegadas, porque juntavam duas forças propulsoras: o velho e conhecido remo e uma novidade chamada vela. Sim, porque esta era a primeira vez que se via barco à vela no Norte da Europa. E foi esse detalhe tecnológico que proporcionou o surgimento dos *vikings*.

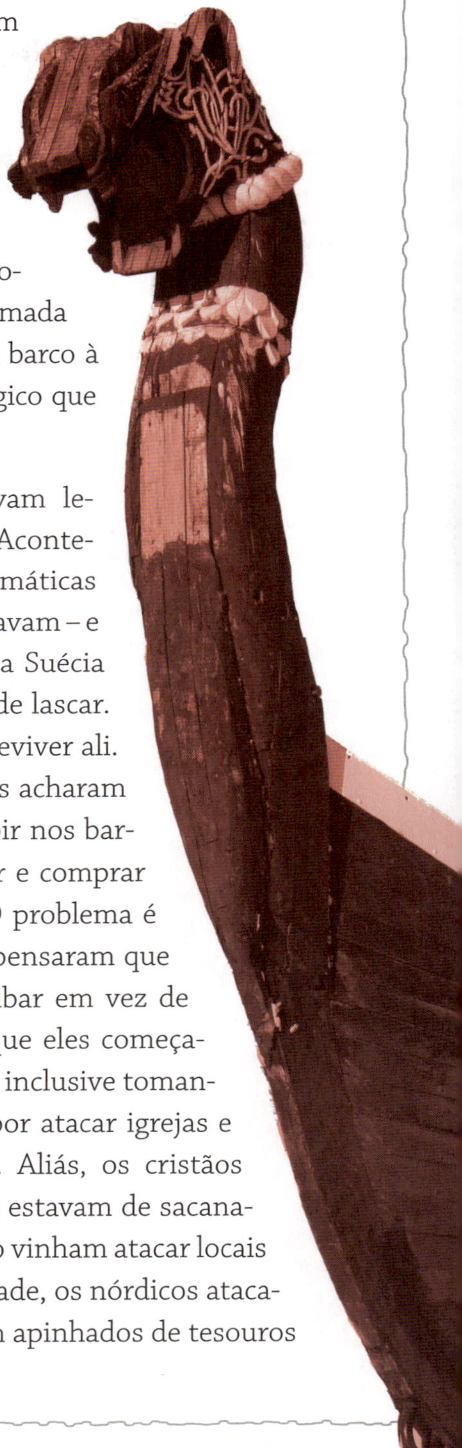

O VALOR DA FEIÚRA

No rio São Francisco, que corta Minas Gerais, Bahia, Pernambuco e vai ainda desaguar no mar na fronteira entre Alagoas e Sergipe, as barcas de antigamente tinham sempre uma figura feiosa na parte da frente, na proa. Eram as carrancas – esculturas feitas de madeira e horrorosas de propósito que, segundo a crença dos barqueiros, estava ali para assustar tudo e todo mundo: desde gente que viesse roubar até assombração e qualquer coisa mais. Porém, os *vikings* tiveram a mesma idéia, séculos e séculos antes. Mas no lugar de cara feia, eles esculpiam dragões. Vem daí o nome dos barcos – *drakkar*, que quer dizer dragão. Eles achavam que o draga ia espantar as "serpentes marinhas" que, na cabeça deles, governavam os mares.

Os escandinavos estavam levando a vidinha deles. Acontece que as condições climáticas da região onde eles moravam – e que é hoje a Noruega, a Suécia e a Dinamarca – eram de lascar. Não era nada fácil sobreviver ali. Por isso, alguns sujeitos acharam que ia ser uma boa subir nos barcos bacanas e ir vender e comprar coisas longe de casa. O problema é que, no caminho, eles pensaram que ia ser mais prático roubar em vez de negociar. E foi assim que eles começaram a roubar adoidado, inclusive tomando um especial gosto por atacar igrejas e monastérios europeus. Aliás, os cristãos achavam que os *vikings* estavam de sacanagem com eles, e por isso vinham atacar locais sagrados. Mas, na verdade, os nórdicos atacavam os beatos porque os templos e as igrejas viviam apinhados de tesouros e eram muito mal protegidos.

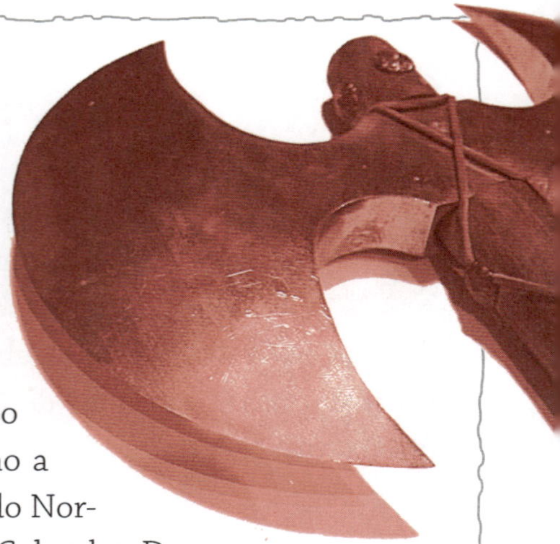

Então foi isso: os terríveis *vikings* começaram a carreira como simples comerciantes. Traziam seda e especiarias de Constantinopla, âmbar do Báltico, escravos da Rússia, peles e marfim da Groenlândia e ainda vendiam o ferro das suas próprias terras. Nesse vaivém, muitos deles desceram do barco não só para roubar e matar sem dó, mas também para ficar naquelas novas praças. Isso gerou o começo de assentamentos em locais como a Groenlândia e até, temporariamente, na América do Norte – muito, mas muito antes mesmo de Cristóvão Colombo. Do mesmo jeitinho, aqueles barbudos se meteram na França e até fundaram a cidade de Dublin, na Irlanda.

VAMOS VIKINGAR?

A palavra *viking* era um verbo que explicava direitinho o que aqueles indivíduos faziam: sair mar afora para pilhar. Mas atenção: todo *viking* era escandinavo, mas nem todo escandinavo era *viking*. E mesmo muitos dos *vikings* caíam naquela vida temporariamente, às vezes só por um verão ou por alguns anos.

Os primeiros alvos dos *vikings* eram povoados à beira-mar, ali mesmo, perto de suas terras. Eles vinham com aqueles barcos de casco achatado, feitos sob medida para só parar já em cima da areia da praia. Mas não demorou muito e esses piratões começaram a ir mais longe: baixaram, por exemplo, em Paris, na Rússia, na Espanha, na Turquia e até na América do Norte.

Por trezentos anos, do final do século VIII em diante, os *vikings* foram o terror da Europa. Até que, no século XII, eles quietaram o facho, se estabelecendo nas terras invadidas.

Eirik, o Vermelho

O norueguês Eirik Thorvaldsson, também conhecido como "O Vermelho", foi parar na Groenlândia em 986 – e este número está certo, sem 1 no começo. Mais tarde, seu filho – que não era Vermelho Jr., mas Leiv Eiriksson – viajou mais pra baixo, tornando-se assim o primeiro europeu a pisar na América do Norte.

Uns dizem que Leiv, o filho do Vermelho, foi parar mais embaixo por engano. Outros juram que ele navegou de modo calculado, sabendo direitinho aonde aquela rota ia dar. De um jeito ou d'outro, ele teria desembarcado em três pontos do continente americano: primeiro onde hoje é Labrador, depois em Newfoundland (esses dois lugares ficam no Canadá); e, por último, num cantinho que ninguém tem muita certeza, mas que deve ser o que hoje chamamos de Cape Cod, já nos Estados Unidos.

O DIA D... ELE

Desde 1964, 9 de outubro é considerado o "Dia do Leiv Eiriksson" nos Estados Unidos. A idéia brotou da mente do presidente Lyndon Johnson para comemorar o que teria sido a verdadeira descoberta das Américas.

LÍNGUA PASSADA A LIMPO

Hoje em dia a gente chama os caras de *vikings* (ou, como quer o nosso dicionário, de viquingue), mas naquela época ninguém usava esse termo. Os anglo-saxônicos chamavam essa turba de "dinamarqueses". Os francos de "homens do norte". E os árabes de "rus", que dizem alguns, seria a origem do nome Rússia.

De um modo ou de outro, você ainda hoje pode falar a língua desses brutos se aprender o islandês. É que a língua da Islândia mudou pouco desde o passado bem passado e se parece muito com o que os *vikings* falavam no dia-a-dia.

Acredite, se quiser

(E se não quiser também)

Os *vikings* nunca usaram capacete com chifre nem trança. Quem inventou esse nheco-nheco foi o compositor alemão Wagner, que na hora de encenar sua ópera chamada *A Valquíria*, achou que ficaria legal ter os caras vestidos daquele jeito. A ópera fez o maior sucesso com aqueles *vikings* e daí a imagem pegou: em tudo quanto é lugar que alguém colocava um *viking* de mentirinha – teatro, cinema, livro, desenho, pintura, revistona e revistinha – lá estava o *viking* vestido como na ópera de Wagner. Aí ninguém mais deu conta de explicar para as pessoas que *viking* de verdade não era daquele jeito.

Um dos *vikings* de mentirinha mais famosos – e que se veste inspirado na ópera de Wagner – é o Hagar. O cartunista Dik Browne publicou seu Hagar pela primeira vez em 1973 com base nas lendas que sua tia sueca havia lhe contado. O corpão e até o nome do personagem foram inspirados no próprio autor que, depois de falecido, foi substituído pelo seu filho Chris, que até hoje cuida da tirinha.

Outro que se inspirou nesses tipinhos do Norte da Europa para fazer sucesso megamundial foi o J. R. R. Tolken, que escreveu *O senhor dos anéis*, baseando-se numa misturança das lendas e estilos de vida de *vikings*, anglo-saxões (britânicos) e celtas (irlandeses).

SEM DIREITO A APOSENTADORIA

Com os *vikings* era assim: se eles não matavam de primeira era porque queriam aquela pessoa para dar duro como escravo. E não custa lembrar que escravo não se aposenta. Quando a figura estava que já não agüentava mais – e pouco ou nada trabalhava – os *vikings* iam lá e pum. Matavam. Na chincha.

Entrevista exclusiva

Qual o seu nome completo?
Richard Wagner.

Como você foi parar no mundo da música?
Ah, comecei a aprender piano sozinho quando tinha 11 anos.

Quando você virou operário?
Opa, nunca fui operário, não. Eu compunha óperas. Nada a ver, hein, *fraulein*.

Por que você escolheu vestir os *vikings* da sua famosa ópera com trança e capacete chifrudo?
A Valquíria faz parte de uma obra chamada *O anel de Nibelungo* que, no total, durava 18 horas! Por isso, a gente precisava ser criativo, concorda?

Você pensou que estava lançando moda?
Mein idéia erra, digo, era, fazer a ópera ficar legal. Só isso.

Qual a sua memória inesquecível?
O dia em que construí meu próprio túmulo!
E, depois, quando defuntei, fui enterrado no quintal de casa. Demais, hein?

Caramba! E você tinha outras idéias doidonas?
Pra dizer a verdade, tinha sim: eu achava que judeu não era boa gente. Cheguei até a escrever um livro sobre o assunto. E, mais tarde, Hitler adotou minhas músicas como trilha sonora para os delírios dele de ser o dono do mundo.

Ficha corrida

Richard Wagner nasceu em 1813 e morreu em 1883. Escreveu pelo menos dez óperas, além de oito livros. Teve um trecho da ópera *A Valquíria* utilizado num filmaço de guerra de Hollywood chamado *Apocalypse now*.

O barra-limpa, o grande Thor

Thor era um deus *viking* que andava por aí com seu martelão de poderes especiais numa carruagem puxada por cabritos. Aliás, reza a lenda que quando seu Thor tinha fome, assava os cabritos. Depois, se os ossos dos bichos não estivessem quebrados, ele dava conta de ressuscitar o almoço e botava os cabritos de novo para puxar a carruagem dele.

Já com o martelo, Thor produzia trovões enquanto lutava aqui e acolá contra uma serpente doidona e outros inimigos terríveis. O cara morava num paraíso chamado Valhala e que, cá entre nós, não se parece nada com o que seria o paraíso pra mim. O lugar era basicamente designado para receber guerreiros valentes mortos em combate. Tinha telhado feito de escudos e havia birita à vontade, mas que saía das tetas de uma cabra. Além disso, a comida era sempre a mesma – aquela coisa de ficar ressuscitando a gororoba. E a diversão por lá era lutar até morrer de novo para, então, ser ressuscitado, e poder mais uma vez trocar sopapos com seus heróicos amigos, morrer e...

De qualquer modo, ir para Valhala era uma honra. No caminho o sujeito era até escoltado por um bando de Valquírias, as belas cavaleiras louraças, que serviam ao deus Odin que, por sua vez, era o papi de Thor.

No Brasil, Thor ganhou fama depois que o desenho "desanimado" dos super-heróis *Marvel* surgiu na TV. Eram desenhos com pouco movimento, com cenas que pareciam recortadas da revistinha e só chacoalhadas aqui e ali. Mesmo assim, quando aquilo apareceu na telinha na década de 1960, a galera endoidou o cabeção. E aí foi esse Thor que entrou na cabeça da gente: de longos cabelos louros e que surgia na TV acompanhado de uma musiquinha que o chamava de "o barra-limpa, o grande Thor". E essa figura substituiu por completo a imagem e o significado mitológicos que Thor tem para os escandinavos.

Cobertor vivo e fedido

Os moradores de antigamente daquela banda gelada da Terra – Norte da Europa, onde faz frio de congelar picolé oito meses por ano – moravam em casas de um só cômodo, sem janela e com um buraco no topo do telhado. Bom, antes que você pergunte para que serve um telhado com buraco, eu explico: aquilo era uma espécie de chaminé, já que havia uma fogueirinha acesa 24 horas por dia para esquentar e alumiar o lugar, além, é claro, de servir como fogão de uma só boca e sem autolimpante. O problema – como você, ó esperto leitor e esperta leitora, já deve ter sacado – é que o mesmo buraco por onde o fumacê saía deixava entrar neve, chuva e o escambau gelado.

DE ONDE VÊM OS LOBISOMENS?

Um grupo de guerreiros *vikings*, para assustar os atacados, vinha pra cima das pessoas vestido com peles de lobo, gritando a plenos pulmões e fazendo o maior fuzuê. O efeito era fantástico, com todo mundo apavorado de medo. Pois foram esses ataques que viraram lendas de homens-lobo, terríveis de ruim. Está explicado.

Tudo isso resultava no seguinte: dentro de casa era pouca coisa menos frio que do lado de fora, o que era mais um bom motivo para botar os bichos que eles tivessem para passar o inverno dentro daquela casa-cômodo. Cá entre nós, a idéia devia ser mesmo prática, porque até você ia preferir dormir abraçadinho com um animal fedido e peludo a morrer congelado da cabeça aos pés.

BARRIL DE MIJO

Dizem que as mamães vikongas guardavam bem guardado o xixi de todos os membros da família, porque depois elas usavam a poção amarela para limpar a lã dos carneiros. É que o xixi meu, seu e dos *vikings* é alcalino e isso misturado com a lanolina que existe na cabeleira do bicho virava uma espécie de sabão natureba. Até aí, vá lá que o treco é meio nojento, mas ainda passa. O porém é que certos arqueólogos estão cada vez mais convencidos de que as vikongas usavam o mesmo estoque de xixi para também estocar comida. Colocavam o rango num barril de mijo e deixavam lá. Quando achavam que era hora de servir aquilo, pegavam o alimento, davam uma lavadinha e botavam na fogueira, pra depois a galera se deliciar.

Uma mulher à frente do seu tempo

No século V, Alwinda era filha do rei sueco. Um dia, papi chegou em casa com a novidade de um casamento arranjado para ela com Alf, príncipe da Dinamarca. Quando Alwinda ouviu aquilo, ficou irada. A danada se recusou a casar com o gajo, reuniu um grupo de amigas e fugiu, se metendo mar afora. Não demorou muito e elas encontraram um navio pirata que estava ali meio de bobeira, pois haviam perdido o comandante. Dona Alwinda, então, botou tanta banca e deu tanta ordem e mostrou tanta força, que não demorou nada para os bandidos a elegerem capitã. E dali em diante eles saíram atacando adoidado.

Alwinda atormentou muito naquelas paragens. Daí o rei da Dinarmarca, o pai de Alf, mandou o filho querido ir lá, armado até os dentes, dar cabo do problema. Ele foi e venceu a batalha. Quando ele viu que quem comandava aquela pitonga era Alwinda, achou aquilo o máximo. Por sua vez, ela achou que Alf até que não era tão bundão quanto ela imaginara. E desse encontro sangrento o resultado foi que o parzinho se acertou, de modo que ela deixou para trás seus dias de fora-da-lei, casou com o dito e virou rainha da Dinamarca.

BRINCADEIRA ~~DE~~ COM CRIANÇA

Depois de uma feroz batalha, era preciso relaxar um pouco. E nada melhor do que brincar com as crianças... Alguns combatentes pegavam um punhado de bebês e criancinhas pequenas e jogavam pra cima. Marcava pontos quem conseguisse pegar uma dessas criaturas em pleno vôo, espetando-as com a ponta da lança. Vikimeigo, hein?

Os piratas medievais

E deu liga

Em 1241, os comerciantes de algumas cidades da região ao Norte da Alemanha começaram a se juntar em uma grande associação chamada “liga”. Essa liga – que em alemão se diz *hansa* – ficou poderosa, grande, importante mesmo, nos séculos XIII e XIV.

A associação tinha como missão dar proteção ao movimento dos barcos que levavam e traziam mercadorias. Ela fechava acordos exclusivos com alguns mercados, na paz ou na base da guerra, para assim ir sedimentando uns monopólios aqui e acolá – que eram lucro puro e concentrado.

Mas a liga murchou depois do século XIV, porque não era muito organizada e, daí, as cidades começaram a pensar mais por conta própria do que em conjunto. De modo que a associação foi esfarelando, esfarelando até sumir do mapa.

Os irmãos Metralha, digo, os irmãos Vitualha

Antes de tomar seu chá de sumiço, a *hansa* se meteu ainda numa campanha braba contra a pirataqem. Claro que essa campanha não era feita com anúncio na tevê, jornais e revistas, mas ali mesmo, no mar, e na base da pancadaria, porque a “irmandade da vitualha” estava tirando os alemães da liga do sério.

A Dinamarca vivia querendo mandar na Suécia e aquilo sempre acabava em sopapo. Entre 1389 e 1392, uns duques suecos contrataram, então, essa irmandade de piratas (o pessoal da vitualha) para que eles atacassem qualquer navio que carregasse a bandeira dinamarquesa. O problema é que aquilo saiu do controle e logo os bandidos começaram a atacar tudo e todos. Apesar de os sujeitos do mal terem começado aquela dança meio que de namoro com a liga hanseática, a coisa mudou de figura mais tarde: os navios da tal *hansa* passaram a ser um dos alvos prediletos desses pirateiros.

O mote da irmandade da gentalha, digo, da Vitualha, era "somos amigos de Deus e inimigos do resto do mundo". Para esclarecer, lá vai: *vitualha* quer dizer víveres, provisões, comida. Essa horda de piratas ganhou esse apelido porque, em suas primeiras missões, a ordem era trazer suprimento, rango, comida para a cidade de Estocolmo – capital da Suécia – que estava na pior, por causa da tal guerra entre dinamarqueses e suecos.

Desce liga, sobe gentalha

Com o declínio da liga, os piratas ficaram mais agressivos do que nunca, mas acabaram vencidos. Isso teria sido perfeito se, bem ali, nas mesmas águas, não surgissem sucessores daquela irmandade criminosa: os *Likedeelers* (literalmente o nome queria dizer "partes iguais", numa referência, óbvia, a como dividiam o fruto do roubo). E foi essa turma que contou com os (des) serviços do famoso capitão Störtebeker.

O pirata do copão-de-cerveja-num-só-gole

No século XIV, quem infernizava o mar Báltico era um pirata apelidado de Störtebeker, que quer dizer mais ou menos "Um copão num só gole". É que para fazer parte da gangue desse cara havia um teste. O candidato tinha que dar conta de tomar um copão bem grande de cerveja de gute-gute, num só gole. Quem passava, ficava com a vaga. Ah, o navio dele tinha nome no mesmo estilo: era o Cachorro Louco.

Os dias de farra e glória de Störtebeker acabaram numa batalha de três dias com uma frota de Hamburgo: ele foi preso e condenado à morte. Reza a lenda que o meliante chegou a oferecer uma corrente de ouro capaz de dar a volta em toda a cidade de Hamburgo em troca de sua liberdade. Mas o estratagema não funcionou e o sujeito foi decapitado. O mesmo destino tiveram os outros 73 cabras que estavam com ele. Mas de um jeito ou de outro, o piratão ganhou estátua naquela mesma cidade onde fora julgado e morto.

Versão inglesa

Mais ou menos nessa época, a Inglaterra também viu florescer uma liga chamada Cinco Portos, que desejava as mesmas coisas que a *hansa*: faturar alto no comércio via navio.

Essa associação tomou corpo porque o rei inglês Eduardo, o Confessor, exigiu que os cinco pontos estratégicos do Sul do país (Hastings, New Romney, Hythe, Dover, e Sandwich – que não era de atum...) tivessem embarcações sempre a postos para atendê-lo. Em troca, sua majestade lhes ofereceria alguns privilégios, como o de importar bens sem pagar impostos.

POR ISSO EU SOU VINGATIVA, TCHÁ-TCHÁ-TCHÁ!

Por causa da tal autorização inglesa de ataques a espanhóis e franceses, os dois países resolveram fazer o mesmo: rapidinho emitiram cartas autorizando alguns capitães a roubarem navios mercantes com bandeira britânica, de maneira que os mares andavam mais turbulentos do que nunca.

Essa turba dos Cinco Portos tinha como missão número um defender os barcos de bandeira inglesa (tanto de piratas quanto de nações inimigas), assim como ajudar a proteger o país como um todo. No entanto, passado um tempo, eles também ganharam o direito de oficialmente saquear barcos franceses e espanhóis. Tudo por causa da Guerra dos Cem Anos (1337-1453) que rolava entre ingleses e franceses (e que acertava os espanhóis meio que de lambuja).

Os corsários turcos

Olha os (oto)manos

A partir do século XIV, os muçulmanos foram conquistando o Oriente Médio, parte da Espanha e toda a porção mais ao Norte da África. E tudo isso virou terra semi-autônoma do Império Turco, que é também conhecido como Império Otomano. Ou seja, os turcos estavam por cima da carne seca, cheios de bossa e poder. Aquilo gerou conflito com gente que era diferente, que tinha outros interesses e outra religião: os cristãos europeus.

O nome "otomano" é uma homenagem ao sultão **Osman**, fundador do tal império turco. Em árabe, o nome dele é escrito mais ou menos assim: Otman.

Com a estratégia de distribuir cartas de corso a torto e a direito, as autoridades da Tunísia, Argélia, Marrocos e Trípoli (que faziam parte do Império Turco) deitaram e rolaram, faturando alto com o butim de seus piratas. Mas os cristãos não ficaram atrás. Eles também deram cartas autorizando seus capitães a entrar na dança pirateira, de modo que aquelas águas do Mediterrâneo viraram um pandemônio.

O CURSO DO CORSO

A palavra corsário nasceu em berço latino. Vem de *cursus*, que quer dizer "viagem", "marcha". O corsário era o sujeito que recebia uma "Carta de Corso", que lhe autorizava a caçar e pilhar navios mercantes de uma nação inimiga. Ou seja, é o que a gente brinca aqui chamando de "pirata estatal". Vários países usaram isso adoidado, mas naquela época os alvos prediletos eram Espanha e Inglaterra, nações poderosas. Durante as duas grandes guerras mundiais (a Primeira de 1914 a 1918 e a Segunda de 1939 a 1945), submarinos alemães atacaram navios comerciais dos aliados em ações que tinham tudo a ver com o que os corsários fizeram muito tempo antes.

Cruz-Credo

No século XI, os cristãos vieram com a idéia das Cruzadas – aquelas expedições militares e religiosas que rolaram entre 1095 e 1270 contra os muçulmanos na chamada "guerra santa" –, cujo objetivo, em última instância, era tirar os muçuls da tal Terra Sagrada, ou seja, de Jerusalém. Nesse período, o negócio da pirataria dos muçulmanos ficou ainda mais lucrativo, pois era comum ter gente graúda, importante e rica nos navios cruzadeiros. E aquilo dava seqüestro com resgates de muitos $$$$.

Pois essa brincadeira sem graça de seqüestro ficou tão comum que houve até quem se especializasse em negociar resgate. Eram religiosos que viviam fazendo só disso, atravessando as águas do Mediterrâneo daqui pra lá e de lá pra cá só para levar a bufunfa e receber a pessoa de volta.

Só que havia um detalhe. Os muçulmanos seqüestravam toda a tchurma do navio, mas só pediam resgate pelos ricos e poderosos. Quem era pobre ficava de escravo. Se danava por lá, sem ajuda de cristão algum. E olha que não era pouca gente. Só na Tunísia havia uns dez mil escravos capturados desse jeitinho.

PIRATA DA CASACA VIRADA

Alguns sujeitos da Europa "viraram" turcos da noite para o dia, porque queriam enricar a todo custo. Quer dizer, mudaram de time e foram ser piratas dos muçulmanos atacando navios de seus próprios países.

Pelas barbas do profeta

Os irmãos Barbarossa (que quer dizer "barba vermelha") eram lésbicos, ou seja, gregos nascidos na ilha de Lesbos, e que, mais tarde, se converteram ao islamismo.

Durante séculos, os otomanos – que são os turcos, lembra? – tinham um império dos grandes que se espalhava pelas beiras do mar do Mediterrâneo. No século XVI, Barbarossa Khair-ed-Din, junto com seu mano mais velho, Aruj, despontaram como heróis para os turcos – e como bandidos para os não-turcos – aterrorizando os inimigos do sultão e dando esperança aos amigos do poderoso.

A dupla se meteu a valente depois que o navio do pai deles foi atacado pelos cavaleiros da Ordem de São João (mais sobre a turma do João na página 40). Nesse ataque, outro irmão da dupla foi morto, enquanto Aruj virou prisioneiro-escravo – ele só escapou depois de a família ter pago resgate, cerca de um ano mais tarde.

Aquilo deixou Aruj com ódio mortal dos tais cavaleiros da ordem de São João e assim que ele teve chance foi comandar um navio.

A época era de quebra-pau entre muçulmanos e cristãos. A Espanha estava expulsando e matando os mouros (outro nome dado aos seguidores do islã, do Norte da África). Os que conseguiram sair da terra espanhola vivos, fugiram de volta pra África e, de lá, organizaram a vingança. Os irmãos da barba vermelha se juntaram a essa turba.

O homem que roubou o barco do papa

Aruj começou a ganhar fama de bacanão da bala chita quando atacou e tomou para si nada menos que dois barcos do papa. Seus amigos ficaram impressionadíssimos com aquilo. Mais impressionados ainda ficaram seus inimigos: os cristãos.

Um diferencial neste começo de carreira de Aruj era que ele não usava (ainda) escravos no remo de seus barcos. Isso queria dizer, na prática, que toda a tripulação estava a postos, pronta para lutar contra o inimigo. E isso era uma senhora de uma vantagem. Mas não demorou muito e os cavaleiros de São João – na época chamados de Cavaleiros de Rodes porque estavam estabelecidos na ilha de Rodes – capturaram o herói-bandido. Daí, mais uma vez, ele virou escravo remador até que foi comprado por um emir egípcio e foi para a Alexandria se encontrar com o irmão.

Por esta altura, a dupla voltou a atacar e com sucesso. Em pouco tempo Aruj estava nadando em bufunfa, e se tornou um dos homens mais ricos do Mediterrâneo. Junto com o *brother*, era dono de oito navios, mais um mundaréu de propriedades – sem contar os escravos.

Mas nem tudo foi um mar de rosas para Aruj. Na tentativa de ocupar um forte espanhol, por exemplo, ele perdeu um braço. E ficou uma fera com aquilo. Tão furioso que, dali em diante, tomou certa predileção por atacar apenas navios e assentamentos da Espanha. Quando o sultão tremeu nas bases diante da ameaça espanhola em 1516, o Baba Aruj nem piscou: matou o sultão e subiu ao trono.

Dois anos mais tarde, noutra disputa contra os espanhóis, Arujinho foi morto, abrindo espaço para que seu maninho, Khair-ed-Din, virasse sultão da Argélia e continuasse seu legado de pirataria até sua morte em 1547.

De sogro pra genro, com amor

Turgut Reis foi o sucessor de Khair-ed-Din e até se casou com uma de suas filhas. Turgut era um corsário tão temido quanto o pai da noiva, mas foi capturado em 1540, tendo que levar vida de escravo remador por quatro anos até que o sogrão veio lhe socorrer, pagando um pesado resgate.

Com a morte do sogro e chefe, Turgutinho subiu ao poder com apenas 32 anos de idade. Cheio de moral, ele partiu com 24 navios pra conquistar – com sucesso – a Calábria (hoje parte da Itália) e um bom naco da Tunísia.

Dizem que os inimigos encurralaram a tropa na ilha de Djerba. Mas Turgut não se apertou: fez com que todos os seus navios fossem transportados por terra, em cima de madeira engraxada e, portanto, escorregante, até a outra banda da ilhota, de onde então ele escapou na boa rumo a Constantinopla. De lá, ele se armou até os dentes e partiu para Malta, onde seu ataque fracassou, apesar de ele ter voltado depois pra casa com os navios abarrotados de escravos.

PRISIONEIRO DE FAMA

Miguel de Cervantes Saavedra é o espanhol autor do livro *Dom Quixote*. Ele lutou pela Espanha em batalhas em Navarino, Corfu e Tunísia. Mas no caminho de volta pra casa, virou prisioneiro de corsários argelinos, e por isso viveu cinco anos como escravo na Argélia. Cervantes deu um jeito de escapar e voltar para Madri em 1585. Sorte dos amantes da boa literatura, porque seu famoso livro só começou a ser escrito dez anos depois de Miguel ter escapado dos piratas.

Mais tarde, ele tentou mais uma vez atacar Malta. Só que o resultado foi trágico. Turgutinho morreu em batalha, aos 41 anos, quando tentava tomar o Forte de Santo Elmo. Um canhão disparado fez rolar pedra pra todo lado. Um punhado de pedras atingiu o homem, que não resistiu aos ferimentos e bateu as botas.

Hoje em dia, Turgut Reis é herói turco, respeitado até a unha do mindinho do pé. E a cidade onde ele nasceu ganhou o nome de Turgutreis, assim mesmo, tudo junto, em homenagem ao próprio.

Chicotinho queimado

Os corsários muçulmanos gostavam de usar um chicotinho meigo na cacunda dos cristãos-remadores que mantinham acorrentados em seus assentos. O dito-cujo tinha várias pontas, todas de corda e com vários nós. Aquilo machucava de um jeito que você nem queira saber, e era chamado de Gato de Nove Rabos.

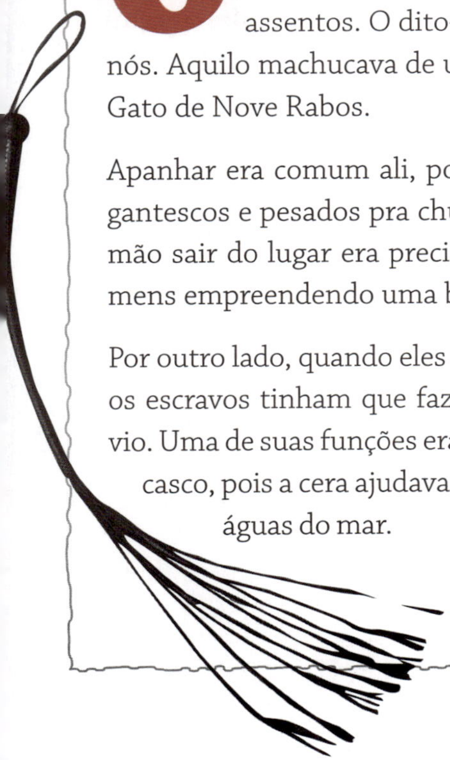

Apanhar era comum ali, porque os remos eram gigantescos e pesados pra chuchu. Para fazer cada remão sair do lugar era preciso, pelo menos, seis homens empreendendo uma baita de uma força.

Por outro lado, quando eles não estavam navegando, os escravos tinham que fazer a manutenção do navio. Uma de suas funções era encerar bem encerado o casco, pois a cera ajudava o barco a cortar macio as águas do mar.

MUITA BOCA

O ataque de um corsário era algo organizado e envolvia muita gente. Em geral, eles se lançavam ao mar com pelo menos cem homens muito disciplinados e bem treinados. Era essa turma, que mais parecia um exército, que subia a bordo dos navios cristãos pronta para o que desse e viesse. Depois, quando eles capturavam todo mundo, iam depressinha bater nalgum porto. Como havia gente demais a bordo, atacantes e capturados, a comida e a água potável corriam o perigo de acabar num piscar de olhos.

Os cavaleiros de Rodes

Os Cavaleiros da Ordem de Malta surgiram quando os católicos fundaram uma associação dedicada aos enfermos em Jerusalém, logo depois da primeira cruzada. Só que naquele começo, o nome deles era outro: era Ordem Hospitalar de São João Batista de Jerusalém.

Não demorou nada e a turma da Ordem meio que trocou os *band-aids* por armas, virando uma organização praticamente militar. Eles defendiam e tratavam dos peregrinos que iam visitar a Terra Santa, e combatiam os seguidores do Islã.

O tempo passou e a Ordem não deu conta de se manter na cidade de Jerusalém, de tanto que os muçulmanos pegaram no pé deles. Tiveram mesmo que empacotar tudo e se pirulitar para a ilha de Rodes, que fica na costa da Grécia. Também não era pra menos. Quando o Califa Al Hakim subiu ao posto, no começo dos anos 1000, os cristãos comeram o panetone que o diabo amassou. O califa perseguiu pra valer os católicos de Jerusalém e, em especial, os da Ordem. Por exemplo, fez com que eles passassem determinado período andando com uma cruz pesada de madeira no pescoço, com meio metro de largura por meio metro de comprimento. Ah, mas os cristãos nem podiam reclamar, afinal eles ainda tinham certos privilégios, como o de poder montar a cavalo. Só que em selas de madeira. Dá pra imaginar?

O Islã ficou fortão com esse novo califa jogando pesado contra cristãos e judeus e acabou empurrando pra fora os tais cavaleiros que, então, tomaram um novo endereço na marra, vencendo a população local de Rodes. Nessa época, os cavaleiros investiram mais na parte militar para defender seu novo lar dos corsários "infiéis"(como os cristãos se referiam aos muçulmanos), com quem eles tinham uma pendenga que parecia eterna.

Agora sob nova gerência

Os cavaleiros estavam tocando a vidinha deles em Rodes, até que houve uma invasão muçulmana braba. Seus sete mil homens armados não deram conta de conter os inimigos e aí os cavaleiros dançaram. Pelo menos tiveram a sorte de ser liberados para pegar um barquinho e dar no pé – quer dizer, pelo menos os poucos que sobreviveram. Foi assim que eles acabaram se metendo, finalmente, em Malta, uma ilha na costa italiana, depois de anos de pula-pula sem endereço certo. Então, a partir de 1530, eles arrancharam felizes da vida com o aluguel que tinham que pagar: um falcão maltês por ano, a ser entregue ao vice-rei da Sicília no Dia de Todos os Santos.

Foi nessa época que eles ganharam o nome de Cavaleiros de Malta. E depois do batismo, continuaram na mesma caça arranhida aos corsários turco/otomanos. É claro que os otomanos não gostaram nada de ver a mesma turma agora de casa nova. Então, a turba resolveu ir lá pra cutucar os cavaleiros com vara curta e se deram mal. Mesmo em maior número e mais bem armados, os invasores perderam feio, apesar de metade dos cavaleiros ter sido morta.

Com a situação de novo sob controle, os cavaleiros foram encher a paçoca dos piratas e, mais uma vez, fazer grana no mercado de escravos, vendendo africanos e turcos capturados de navios que eles atacavam e, ao mesmo tempo, libertando escravos cristãos. Aliás, Malta se esbaldou com a escravidão até o século XVIII. Dizem até que cada navio era equipado com pelo menos mil escravos.

A mentirada

O negócio ficou feio para a Ordem em 1798, quando Napoleão armou a maior arapuca pra cima deles. O imperador francês chegou com navios nas águas próximas de Malta e mandou pra terra um botezinho com o seguinte recado: queriam só aperrear ali pra comprar suprimentos e seguir viagem. O pessoal de Malta acreditou e mandou os barcos aportarem. Mas era tudo mentira: Napoleão queria aportar para apoquentar. Atacou todo mundo e conseguiu tomar posse do recanto.

Os cavaleiros então ficaram espremidos, meio que sem lugar, de novo. Conseguiram abrigo definitivo em Roma bem mais tarde, em 1879, quando o papa Leão XIII deu uma força pra eles se reerguerem, mas como uma organização humanitária e religiosa.

O ramal da ordem

Desde o início da Ordem, eles foram espalhando filiais em vários cantos. Na Inglaterra, por exemplo, havia uma filial deles. Mas depois que o rei Henrique VIII brigou com o papa – porque queria se divorciar, algo proibido para católicos –, o real inglês acabou de vez com qualquer traço da ordem de Malta em seu reino. Só que não demorou muito e uma turma fundou uma Ordem alternativa, que foi buscar seu nome lá nas origens e se autobatizou de Ordem de São João. Esse grupo ganhou músculo e se espalhou pelo mundo da língua inglesa, se tornando uma organização famosa que trabalha com ambulância e primeiros-socorros.

Será que ele é?

A Ordem de Malta continua nas paradas de sucesso. Eles se reorganizaram e atualmente, com base na Itália, batem o pé para serem reconhecidos como um país independente. A Ordem tem até status de observador permanente nas Nações Unidas e mantém relações diplomáticas com mais de noventa países, dentre eles, o Brasil.

Os integrantes também têm passaporte, placa de carro, selo e moeda próprios. Faz pouco tempo, eles passaram a lançar selos em euro, enquanto a moeda deles continua sendo o escudo. Bom, e se você já está pensando em adentrar para esse reino, melhor ir tirando o cavalinho da chuva. Só vira membro quem for convidado por eles. Não adianta mandar cartinha melosa dizendo que você quer porque quer virar cavaleiro ou dama de Malta. Não cola.

A malta de malta

Já a República de Malta é um país dos dias de hoje, formado por sete ilhas no Mediterrâneo, ali pertinho da Sicília, na Itália. Em 1530, os espanhóis, que mandavam no pedaço, cederam aquelas terras em arrendamento perpétuo para os cavaleiros de São João. Depois de Napoleão tomar a ilha na base do sopapo, os franceses ficaram ali dando ordens por um tempo. Mas a população local estava desgostosa daqueles *monsieurs* e, com a ajuda dos britânicos, botou os invasores pra correr. Com isso, o pedaço ficou debaixo das asas dos ingleses, de quem os malteses só se livraram em 1964, com a declaração da independência. Hoje em dia, Malta faz parte da União Européia.

DICIONÁRIO MUITO MÍNIMO DE MALTÊS

escravo = ilsir
navio = vapur
ladrão = halliel

A balada da galera

No século XV, homens condenados pela justiça eram sentenciados a ralar como escravos nas galeras – um tipo de barco –, puxando remo. Se havia pouco bandido condenado a remar, então eles partiam para arranjar braços escravos. Os cavaleiros de Malta (que, não se iluda, eram piratas) achavam que era parte da sua obrigação religiosa ter apenas escravos muçulmanos na ponta de seus remos. E quando eles atacavam um navio islâmico, separavam o "joio do trigo": os fortes viravam remadores sem salário; os fracos eram assassinados sem dó, na bucha, no ato.

Mas o que já estava ruim ficou ainda pior no século seguinte. A Espanha e a França estavam ficando mais e mais interessadas em navegar, e com a entrada dessas duas nações no páreo, a demanda por bracinhos fortes para remar foi às alturas. Simplesmente não havia presidiário nem escravo o suficiente. Por isso, as nações ditas "civilizadas" passaram a escravizar não só islâmicos, como russos, judeus, gregos...

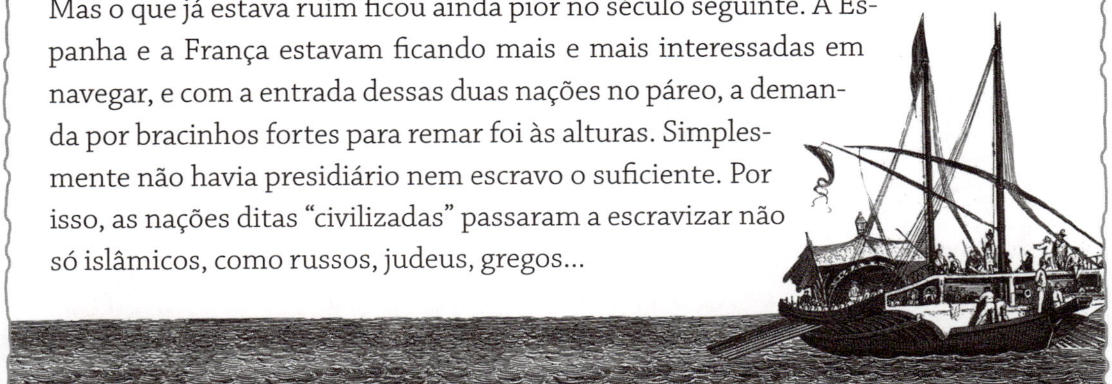

Nessa mesma época, os católicos resolveram implicar com os judeus; primeiro na Espanha e depois em Portugal. Basicamente, o judeu tinha duas opções: ou largava mão da sua religião e raízes e virava católico na marra ou fazia sua malinha e picava do país. Muitos deles mudaram de religião. Outros tantos se mandaram de navio. Boa parte dessas embarcações foi capturada e muitos dos passageiros e tripulantes viraram remadores escravos. Ah, sem falar nos que eles matavam, de preferência metendo uma faca na barriga para ver se não haviam engolido moedas de ouro, pedras preciosas, qualquer coisa de valor que pudesse ser recuperada do estômago ou intestino da vítima.

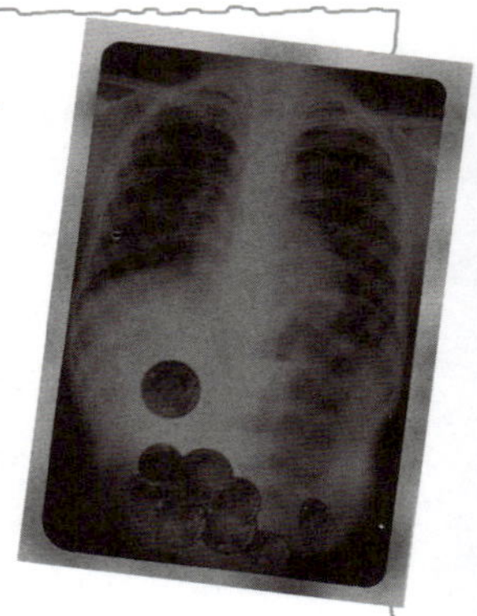

Efeito colateral

A maior conseqüência do desatino de cristãos e muçulmanos foi o desenvolvimento das rotas de comércio terrestre. Por séculos, todo mundo achava que navegar para vender e comprar era o melhor jeito de fazer as coisas. Mas com tanto pirata por litro cúbico, pouca gente queria saber de navios. Foi aí que eles começaram a traçar caminhos por terra, melhorando as velhas estradas e construindo novas.

No entanto, essa não foi a primeira vez que os piratas forçaram a geografia das coisas. Na Grécia antiga, os piratas fizeram com que os povoamentos fossem se concentrar distante da costa, afinal ninguém queria virar escravo da noite para o dia, depois de um ataque pirateiro.

A ORDEM DOS FATORES

- Surge com o nome de **Ordem de São João Batista de Jerusalém.**
- Sai de Jerusalém por pressão dos muçulmanos e conquista a ilha de Rodes. Ganha o nome de **Ordem de Rodes.**
- Os muçulmanos tomam a ilha e expulsam os cavaleiros.
- A ordem vive dias de desordem total até conseguir a ilha de Malta para sede. E assume o nome de **Ordem de Malta**.
- Napoleão vem, trapaceia e toma a ilha.
- Os cavaleiros ficam dispersos. Os ingleses tomam a ilha. Os cavaleiros acham que um dia os britânicos devolverão Malta pra eles – o que nunca rolou.
- Os cavaleiros montam sede em Roma, na Itália, onde estão até hoje.
- O povo de Malta consegue a independência dos britânicos.

Os piratas britânicos

Auuuuuu, lobos do mar

Quando o rei da Inglaterra Henrique VIII decidiu romper com a igreja católica, ele achou por bem dar um jeito de criar uma marinha ainda mais forte, já que seu reinado era uma ilha. Porém, ele morreu antes de ver seu sonho realizado. A filha dele, Maria, achou que daria um jeito naquela confusão se casando com o rei da Espanha, colocando, assim, o país de novo na rota do catolicismo e cessando um mundaréu de problemas. Mas Maria deu azar e morreu cedo, poucos anos depois de subir nas tamancas do trono.

Quando Maria morreu, foi a vez da filha número dois de Henrique assumir: era a tal mei-irmã da Bloody Mary, a Elizabeth I. Ela era que nem o papi: protestante e amante da idéia de ter uma marinha poderosa. Então ela partiu para a solução dos piratas-estatais, que logo apelidou de "lobos do mar". E foi assim que um monte de bandido virou cavaleiro inglês.

BLOODY MARY

A rainha Maria da Inglaterra ganhou fama de má porque, ao contrário do pai, não desejava que o seu reino virasse protestante. Queria suas terras como antes: todinha povoada por católicos. Então ela mandou prender e matar quem pensava diferente dela. No seu curto reinadão, que durou apenas seis anos, ela achou tempo e energia para mandar queimar vivas pelo menos 283 pessoas. Se bem que a sucessora do trono, sua meia-irmã Elizabeth, não ficou exatamente atrás. Betinha quase empatou a disputa, mandando matar, do lado oposto, os católicos.

Ladrão de carteirinha

Durante um tempo, governos de vários países – não só da Inglaterra – deram uma licença, um papel oficial, documento válido como uma espécie de carteira de motorista autorizando aquela pessoa a ser pirata. Essa carta era concedida a certos capitães, para que eles se lançassem ao mar para roubar, de modo oficial, navios de países inimigos. Às vezes, o bandido oficial tinha direito a ficar com tudo o que ele roubasse. Em outras, tinha que dividir o butim com o governo.

Essa idéia de jerico rico começou no século XIII, mas ganhou fôlego imenso e intenso quando Henrique VIII e, mais tarde, sua filha Elizabeth I, reinaram na Inglaterra. Aliás, quando dona Betinha era a rainha, havia uns quatrocentos piratas oficiais trabalhando para o reino dela.

Receita de pirata-estatal

Quando Elizabeth estava sentada no trono, a Inglaterra ainda não tinha se envolvido em outras bandas para tomar terras e fazer colônias. Já Portugal e Espanha estavam nessa e enchiam os cofres de felicidade na forma de ouro, prata e cobre. Elizabeth precisava de um plano B para encher o cofre da sua turma e foi assim que ela partiu pra piratagem.

Havia também aquela pendenga da religião. A soberana achava que tinha de combater os católicos, que a parada agora era entre os católicos e os protestantes, não mais entre muçulmanos e cristãos. Sendo assim, atacar os espanhóis contava com a desculpa de que eles eram inimigos de fé.

Os holandeses também eram protestantes. Aliás, podemos dar o título de "inventores da pirataria-estatal assumida" para os batavos, pois o príncipe deles, William, bancou os custos de navio, tripulação e mais um pouco, para que os holandeses atacassem na *buena* os navios espanhóis. Betinha achou a idéia do balacobaco e deixou os bandidos da Holanda parar em seus portos quando bem quisessem.

Os marinheiros ingleses viram aquilo e ficaram com a maior inveja: "Pô, a gente podia fazer a mesma coisa, hein? Os holandeses estão enchendo a burrinha". Foi pensando assim que Francis Drake se meteu a roubar com os holandeses e em nome da rainha da Inglaterra.

O CORSÁRIO COLOMBO?

Cristóvão Colombo, que ganhou lugar eterno nos livros de História por ser o descobridor da América, descansa agora seu corpo defuntado sob a suspeita de que também tenha sido um piratinha. Pra começo de prosa, rola a maior disputa sobre os detalhes do passado do rapaz. Alguns historiadores juram que ele nasceu em Gênova, Itália. Outros colocam essa questão em dúvida e lembram que Cristóvão não deixou nada escrito que pudesse comprovar sua origem e que praticamente não falava sobre sua infância e família, nem mesmo com os seus próprios filhos.

E essa polêmica quanto ao nascimento do homem nos remete a outro bafafá dos bons: seria Colombo o verdadeiro sobrenome do navegador?! Uma teoria diz que Cristóvão andou por uns tempos na pirataria, trabalhando para um corsário francês, e que teria roubado o sobrenome deste pirateiro. Em espanhol, o nome do descobridor da América é Cristoban Colón e o tal francês da piratança era chamado Guillaume de Casanove Coullon.

Pois essa coisa de Coullon-Colón nos leva à segunda teoria: a de que tudo não passou de um mal entendido. De acordo com essa outra versão, em 1476, Cristóvão tinha 24 anos e viajava para negociar vinho e lã quando foi atacado pelo corsário Guillaume de Casanove, também conhecido como Coullon. E a similaridade entre os nomes Coullon e Colón teria, então, gerado certa barafunda que acabou levando uns a crer que Colón era pirata quando, na verdade, o pirata era Coullon.

Pirata com título de cavaleiro

Vários piratas estatais ingleses ganharam fama de heróis e se tornaram cavaleiros da corte, enquanto os espanhóis os tratavam como bandidos miseráveis da pior qualidade. Um desses sujeitos foi Francis Drake, que começou sua vida nos mares aos 12, 13 anos de idade como um pacato aprendiz de marinheiro dos mais dedicados. Prova disso é que quando seu mestre morreu, um velho capitão, deixou de herança para Drake o próprio barco. Mas Francis vendeu a embarcação e foi trabalhar com John Hawkins, um aparentado que era também capitão de navio.

PATO OU DRAGÃO?

Drake quer dizer "pato macho" em inglês – mas os espanhóis que o temiam e o odiavam, achavam que o nome tinha a ver com dragão, por causa do som. Se o pato macho era herói na Inglaterra, na Espanha e em suas colônias ele era considerado o demo em pessoa, chamado de "El Draqui" ou "Draco". Virou até uma espécie de bicho-papão. Criança desobediente era logo alertada que era melhor obedecer rapidinho, ou El Draqui vinha pegar.

BANDIDO DE SEGUNDA

Não era nada raro encontrar navios piratas com negros fugitivos da escravidão como tripulantes. Dizem que, na média, eles chegavam fácil, fácil a um terço da tripulação. Mas mesmo lá – ó sina! – os gajos eram tratados como sujeitos de segunda categoria, obrigados a ficar com as piores tarefas.
Isso quando eles não eram simplesmente mortos pelos piratas, como se fossem nada. O pirateiro Bartolomeu Roberts, por exemplo, deu mostras de ser o pior dos covardes. Certa feita, estava com um navio negreiro que ele não conseguiu negociar. Pois não teve dúvidas: espraiou alcatrão no deque e depois meteu fogo naquilo. Os oitenta escravos a bordo estavam acorrentados aos pares e sem saída. Uns pularam no mar, afundando com o peso do ferro dos grilhões, enquanto os outros morreram queimados.

Seu John comandou a primeira expedição inglesa de caça a escravos negros na África em 1562. Depois o sujeito vendeu a carga humana para os espanhóis que viviam no Caribe e estavam mesmo à procura de mão-de-obra. O problema é que esse tipo de negócio era proibido pela Espanha, a única autorizada a fazer comércio com suas colônias. Por isso eles ficaram pê da vida com Hawkins e Drake.

Não tardou e John pediu a Drake para sair comandando um navio. Drake ficou feliz da conta e se mandou com tudo pra cima de navios espanhóis, matando e roubando adoidado, principalmente açúcar, marfim e escravos. Depois dessa primeira vez, ele tomou gosto pela coisa e seguiu em frente animado e enricado. Aliás, isso virou um péssimo exemplo, porque muita gente boa caiu na vida bandida impressionada tanto com a riqueza acumulada por Drake como pelo tratamento recebido do governo. Você acredita que ele foi até nomeado cavaleiro pela rainha Elizabeth I?

Roubar e não dar conta de carregar

O maior sucesso de Drake foi um ataque em terra firme. Em março de 1573, ele atacou Nombre de Dios, porto espanhol na altura do Panamá. Ali ele conseguiu botar as mãos em muito, mas muito ouro mesmo. E era tanto ouro que ele nem conseguiu levar tudo pra casa: se tentasse, afundaria seu navio com o peso da fortuna roubada.

Uma só carga roubada por Drake e dividida com a rainha, em 1580, gerou mais riqueza pra Elizabeth que todas as outras fontes de renda do reino. Bom, não era à toa que ela tratava o rapaz como herói e até o consagrou cavaleiro.

No entanto, quando ele foi conversar com a rainha, não pôde receber dela os cumprimentos e elogios oficiais, porque a danada havia acabado de assinar uma trégua com a Espanha (A carta de corso, em teoria, servia só nos tempos de guerra e contra os países inimigos, lembra-se?). Mesmo assim, Drake ficou solto e foi bastante bajulado. A trégua, no entanto, durou pouco e logo Drake estava de novo nos mares atacando os espanhóis com a cartinha de Elizabeth debaixo do sovaco.

Onde foi parar Nova Albion?

Certa vez, o danado do Drake veio até a América do Sul, navegando e atacando e roubando e seguindo a canção. Foi descendo, até que atravessou o estreito de Magalhães, passou do Atlântico para o Pacífico pra depois subir, subir até parar para descansar e dar um trato no navio numa terra que ele proclamou colônia inglesa. Drake a nomeou de Nova Albion – do latim, que quer dizer New England (Nova Inglaterra). O problema é que Drake, com medo de os espanhóis descobrirem seu porto seguro, fez tudo o que podia para despistar todo mundo quanto à exata localização daquela terra. Por isso, até hoje ninguém tem certeza se essa minicolônia ficava nos Estados Unidos ou nas bandas de Vancouver, no Canadá.

De qualquer modo, toda esta vida movimentada acabou com uma morte besta, sem nada de glamourosa: Drake morreu de piriri, diarréia, disenteria, caganeira, em 1596, enquanto tentava atacar o porto de San Juan, em Porto Rico.

Entrevista exclusiva

Qual o seu nome completo?
Francis Drake.

É verdade que você vem de uma família grande?
Verdade. Nós éramos 12, e eu era o *big brother*, o mais velho.

Você tinha idéia de que, apesar de ser tratado como herói pelos ingleses, era um bicho-papão para as criancinhas espanholas?
Ah, *come on*, isso é intriga da oposição. *I'm a hero!*

Mas você se arrepende de alguma coisa?
Ah, eu merecia um fim mais heróico do que morrer de piriri. Eu estava tão doente, mas tão doente, que me meteram num caixão de chumbo antes de me "enterrarem" no mar.

Qual a sua memória inesquecível?
O dia em que voltei para casa depois de ter sido o primeiro inglês a circunavegar o mundo. *It was fantastic!*

Quando virou cavalheiro da rainha?
Em 1581, depois dessa minha bela viagem ao redor do mundo, a rainha veio até o meu barco e me deu essa honraria.

Nessas andanças todas, você nunca veio no nosso Brasil?
Sim, em 1585 estive por aqui, mas pelo jeito ninguém notou a minha presença... Acho que uma das poucas referências às minhas naveganças por estas bandas é a da lenda de Fernando de Noronha. Na ilha, corre na boca miúda que eu enterrei um tesouro por lá.

Mas é verdade essa história?
Sabe de uma coisa? Esta entrevista está encerrada! *Bye-bye.*

Ficha corrida

Drake nasceu em 1545 e morreu em 1596. Faturou tanto dinheiro para a rainha inglesa que, na época, dava até pra pagar toda a dívida externa do reino. Além disso, perdeu as contas de quantos navios pilhou.

Pirata reciclado

Quando James I subiu ao trono na Inglaterra, logo após Elizabeth I, ele mudou o rumo da nação. Achou que aquela coisa de guerra já tinha atormentado demais. Queria paz. E na paz, para que construir navio de guerra? Para que dar carta branca para um capitão atacar outros barcos? Pois ele, aos poucos, acabou com a profissão de pirata oficial – quer dizer, acabou mais ou menos, porque, como você vai ver no capítulo dos bucaneiros, a carta de autorização para ser bandido voltará a ser comum no século seguinte.

ALVO FÁCIL

Duas vezes por ano, os espanhóis organizavam um comboio de até cem navios para carregar toda a riqueza que eles "arrancadavam" das suas colônias. Cada galeão tinha por volta de duzentos tripulantes e seguia armado com sessenta canhões. As cidades-portos de onde os comboios partiam eram muitas vezes atacadas, assim como os comboios em si.

De todo modo, James número 1 não só cortou a emissão de novas cartas de corso como também cancelou as que já estavam em circulação. Ao mesmo tempo, James baixou uma ordem proibindo marinheiro inglês de trabalhar em navio de outros países. O resultado dessa estratégia foi um aumento nos números: havia dez vezes mais piratas do que na época da Betinha! É que parte dos homens dedicados à pirataria oficial que, da noite para o dia, perdeu o emprego, se envolveu numa nova empreitada: a fundação de um coletivo ilegal chamado "Fraternidade da Costa".

AMOR BANDIDO

Sir Walter Raleigh foi outro que virou pirata com cartinha permitindo suas atividades roubadeiras. Quando não estava atacando navios espanhóis em troca de cobres, o azarado estava sempre na cadeia. A primeira vez foi por ter casado com uma mulher chegada da rainha sem a permissão da mandona, quer dizer, da rainha. Mas quando um dos navios dele – que era dono de uma flotilha – voltou cheio de bufunfa para dividir com a reinadora, ela logo mandou soltar o moço. Depois que a rainha Elizabeth I deu com as botas, *sir* Walter foi acusado de conspiração contra o novo rei, James I, e por isso foi mandado de novo para o Carandiru deles. Enquanto passava essa segunda temporada no xilindró, Walter escreveu cinco volumes sobre a história do mundo. Depois, ele ganhou a liberdade de novo para poder, mais uma vez, se meter com os espanhóis. No final das contas, *sir* Raleigh morreu decapitado e, para nojo geral da galera, sua esposa guardou a cabeça do amado até ela mesma ir para a cova, 22 anos depois. Argh, urgh, irgh.

Os bucaneiros

Uns bucas de uns encrenqueiros

A origem da palavra bucaneiro é a língua dos índios brasileiros, o tupi-guarani. Quando os portugueses invadiram o Brasil, repararam que os índios gostavam de grelhar uma carninha bem assada. O nome da iguaria era algo como *mocaém* e *bocaém*. Os portugas linguarudos espalharam a novidade pela Europa. Quando os europeus chegaram no Caribe, por volta de 1660, começaram a preparar a carne à maneira dos nossos índios para faturar uma grana, vendendo para os navios espanhóis que faziam *pit stop* ali. Foi assim que os franceses pegaram a paternidade da palavra para eles, dando o nome de *boucan*. Aí o termo veio que nem bumerangue de volta para o Brasil, traduzido como bucaneiro.

Há duas versões para tentar explicar como o churrasqueiro virou pirata. Uma é essa mesma: os churrasqueiros descobriram que dava mais dinheiro pilhar os barcos do que vender carne assada para eles. Já a outra versão reza que as pessoas simplesmente inventaram a moda de apelidar aqueles piratas que estavam começando a pipocar na área de bucaneiro (churrasqueiro, né?). Mas de um modo ou de outro, o uso do termo bucaneiro foi mesmo consolidado quando Alexander Exquemelin publicou o livro *Os bucaneiros da América*, em 1600 e lá vai pedrada.

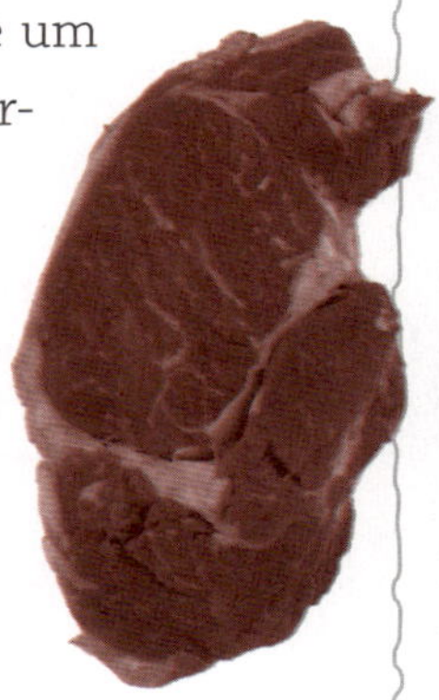

Exquemele quem?!

Alexandre Olivier Exquemelin era um huguenote que se mandou para o Caribe a serviço do governo francês, até que debandou para o lado dos bucaneiros. Depois, foi parar na Holanda, onde, enfim, publicou seu livro: *Bucaneiros da América*, que tem um dos maiores subtítulos do mundo: "Um relato verdadeiro dos mais notáveis assaltos cometidos nos últimos anos na costa das Índias Ocidentais por bucaneiros da Jamaica e Tortuga, ingleses e franceses". Mas a temporada dele em Amsterdã foi curta. Assim que teve chance, Exquemelin botou o pé num barco e voltou a ser bucaneiro feliz nos mares tropicais onde atuava como barbeiro-cirurgião.

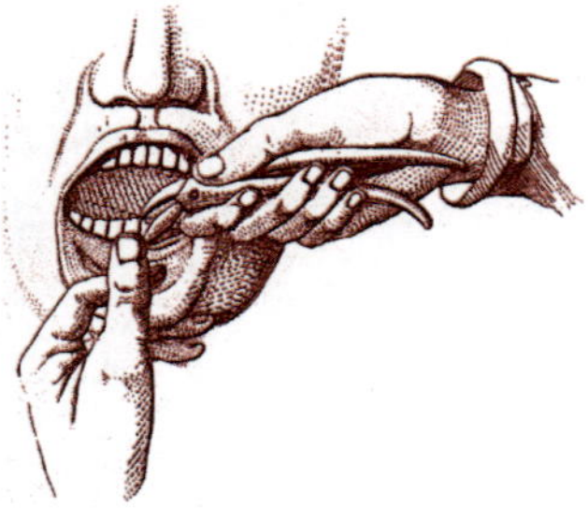

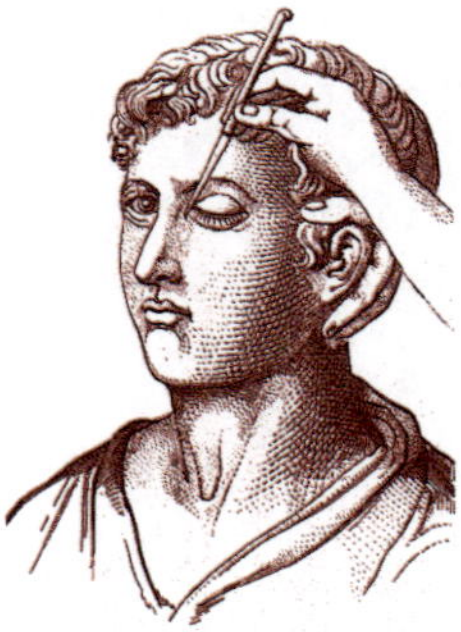

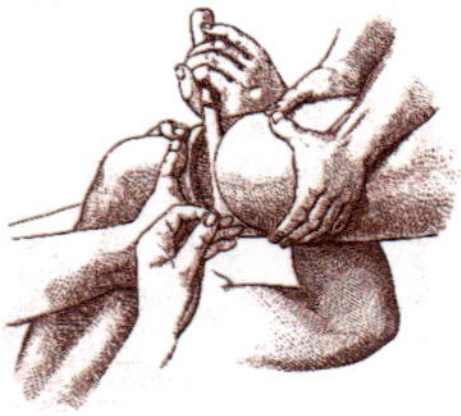

PROFISSÃO: BARBEIRAGEM

A profissão de barbeiro começou bem parecida com o que é hoje: os gajos eram cortadores de cabelo e fazedores de barba. Mas a vida os levou, de repente, a expandir o negócio e eles começaram a cortar pedaços adoentados ou apodrecidos dos pacientes – até porque ninguém mais queria se dar ao trabalho. Daí eles passaram a furar furúnculos e a amputar pernas e braços, além de deitar bichas, ou seja, colocar sanguessugas para sugar o sangue das pessoas. Em outras palavras: era criada a profissão de barbeiro-cirurgião, um sujeito que tinha "competência" tanto para tratar dos fios e pêlos quanto de assuntos sérios de saúde...

OUTRAS FONTES

Além do livro de Alexandre, o pirata-escrevinhador, a gente pode levantar outras informações utéis sobre os piratas e como eles agiam em escritos assinados por Basil Ringrose e William Dampier. E mesmo nos autos dos julgamentos, porque, quando alguém é processado, é comum guardar o registro daquilo, com a descrição detalhada de quem, quando, como e por que as ações se deram. Além disso, havia colônias de países europeus por todo lado e quem estava trabalhando lá tinha que mandar relatórios para a matriz. Esses papéis burocráticos estão coalhados de relatos de atos pirateiros.

Arqueólogos que trabalhavam em terra firme também deram seu contributo à causa. Um exemplo foi a atuação deles na cidade jamaicana de Port Royal, destino predileto de piratas que queriam farrear. Port Royal foi destruída por um terremoto em 1692. Então, esses especialistas, cavoucando as terras dali, acharam muita coisa que pertencia a piratas, o que também ajudou bastante a entender como esses bandidos viviam.

Hugo quer nhoque?

O catolicismo estava cheio de moral na Europa, mas algumas pessoas achavam que algumas coisas deviam ser diferentes. Então esses sujeitos começaram a falar pra todo canto como eles achavam que era o jeito certo de seguir os preceitos de Cristo. Foi assim que surgiu o protestantismo, um racha entre os cristãos.

Um desses discordantes (ou protestantes) era John Calvin. Os seus seguidores são chamados de calvinistas em vários cantos e, na França, de huguenotes, apesar de ninguém dar conta de explicar direito de onde vem esse termo de som tão único: Hugo quer nhoque, huguenote.

SÓ UM ESCAPA

Inácio de Azevedo era um português filho de gente graúda e enricada. Aos 22 anos largou tudo para ser padre jesuíta e, mais tarde, chegou ao Brasil para catequizar almas. Passou um tempo aqui, mas teve que voltar para a Europa para amealhar mais gente, mais grana, entre outras coisinhas. De modo que, lá pela metade de 1570, estava ele de novo nos mares a caminho da Bahia junto com outros cem camaradas.

Enquanto navegavam pelas bandas das ilhas Canárias, deram de cara com uma frota de piratas huguenotes. O comandante pirata Jacques Sore foi logo matando todo mundo. O único jesuíta que escapou foi o irmão Juan Sánches, que ficou de cozinheiro para os pirateiros só porque não vestia o hábito religioso bem na hora do ataque.

Acontece que nem todos os franceses levaram na boa essa idéia de ter gente rezando diferente. Em 1562, 1.200 hugos foram mortos em Vassey, na França. E isso foi o estopim para várias guerrinhas civis francesas que mataram a torto e a direito nos trinta anos seguintes. A coisa só sossegou quando o rei Henrique IV baixou um decreto dizendo: "Vá lá, cada um reza o que quiser nestas cidades aqui ó. Que liberdade religiosa em qualquer canto também já é demais para mim".

Se você acha que esse foi o fim do problema, se enganou. O rei logo bateu com as botas reais e veio outro em seu lugar que desfez e desdisse tudo, passando a perseguir sem sinal de dó os tais protestantes. Então os huguenotes se cansaram daquilo, enfiaram a viola no saco e deram no pé, afinal aquela vida estava pra lá de insuportável. Em 1685, calcula-se que entre 200 a 500 mil huguenotes fugiram da França em direção a outros recantos europeus e também para os Estados Unidos.

Dizem que os huguenotes que pirateavam entraram nessa vida bandida menos por conta das riquezas e mais por conta da religião, mirando, em especial, os fervorosos católicos espanhóis. Esses piratas fizeram ataques famosos a portos como o de Cartagena, Santiago e Havana. Em 1571, havia pelo menos cinqüenta desses piratas no Canal Inglês, tendo Plymouth como base.

O rock'n'roll brasileiro

Rock era filho de holandeses e havia nascido bem aqui, no Brasil, durante uma das várias tentativas da Holanda de ter uma colônia em nossas terras. Foi por isso que ele ficou conhecido pelo mundo afora como o bandidão Rock Brasileiro.

Diferente da maioria dos bandidos, Rock nunca pensou em fazer outra coisa da vida. Desde pivete queria ser piratão. E realizou o sonho de sua vida. Não tardou muito, ele se tornou capitão de um navio de bandidagem e foi morar na Jamaica, o paraíso dos piratas.

Num dia comum de "trabalho", ele acertou em cheio: capturou uma embarcação espanhola lotada de prata e voltou pra Jamaica para ser tratado como magnata espertalhão, um pirata classe A, que metia medo em todo mundo.

Bucaneiros, em geral, odiavam uma coisa: os espanhóis. Mas parece que Rock os odiava ainda mais do que os outros. Ele praticamente só roubava deles, e depois torturava com redobrado afinco os membros da tripulação espanhola.

Mas os dias de maldade de Rock chegaram ao fim quando ele, depois de passar um tempo sem ver navio interessante para pilhar nas suas rotas, resolveu remar numa canoa até um porto caribenho, junto com uns poucos dos seus comparsas, para assuntar se havia navios interessantes sendo carregados por lá.

Acontece que o povo em terra, quando bateu os olhos naquele bando de mal encarados, deu logo o alarme. O bandido foi reconhecido pela malta do porto. Por isso, não demorou nadica de nada e as autoridades o prenderam, para que ele aguardasse atrás das grades até o dia da sua execução.

E o brasileiro deu um jeitinho...

O bucaneiro preso deu um jeito de escrever uma carta, fingindo que era o capitão de um navio francês que, por coincidência, navegava não muito longe dali. Na cartinha, ele fazia ameaças aos espanhóis. Em nome da França, ele jurou vingança e retaliação, caso algo acontecesse a Rock Brasileiro.

O governador daquela parada leu a carta e tremeu nas bases. A cidade já havia sido atacada antes por franceses, e ele não queria passar pelo mesmo aperto de novo. Por isso, chamou Rock e seus amigos presos para uma conversinha.

Na conversação, a autoridade disse que ia perdoar os crimes daquele bando se eles topassem seguir para a Europa a bordo de um navio espanhol e com o compromisso de deixar a bandidagem de lado. Os bandidos, mais falsos que moeda de cem reais, disseram sim à proposta e se mandaram, todos muito bem comportados.

Mas assim que eles desembarcaram, livres para fazer o que bem quisessem da vida, os maus elementos aprontaram até conseguir voltar a ter um navio de pirataGem lá na Jamaica.

O ROCK DA MANGUAÇA

Em Port Royal, na Jamaica, o Brasileiro era temido quando estava sóbrio, mas muito mais temido quando estava cheio dos gorós – o que, cá entre nós, era coisa comum. Quando completamente bebum, Rock andava pelas ruas da cidade brandindo sua espada e atacando quem quer que olhasse para ele.

Megabando entra pelo megacano

No seu retorno, Rock resolveu pensar grande. Fez, então, um acordo com um bucaneiro francês e formou assim um megabando. Daí, para recuperar o tempo perdido, ele achou melhor ir pilhar uma cidade. E escolheu Merida, que fica em Yucatan, hoje México. Só que tudo saiu errado. Quando eles chegaram, a cidade estava armada até os dentes, preparadíssima para se defender. Foi então que Rock percebeu que ele e sua gangue eram muito bons de luta no mar, pulando no deque do navio dos outros, mas eram um desastre nas batalhas em terra firme.

Os bandidos perderam feio. Muitos morreram na batalha e outros tantos foram presos. Mas Rock, aquele destemido, não teve dúvida alguma: quando viu que o caldo estava entornando, fugiu. Na maior cara-de-pau.

O mais famoso bucaneiro

Em 1665, os britânicos tomaram a Jamaica dos hispânicos e acharam que valia a pena fazer um trato com os bucaneiros para que eles os ajudassem a rebater qualquer ataque francês ou espanhol àquelas terras. E foi assim que os piratas ganharam carta branca para ir e vir de Port Royal quando e como bem quisessem, ao mesmo tempo em que espalhavam o temor pelos mares da região. O mais famoso bucaneiro a entrar nessa dança foi Henry Morgan.

Em 1494, quando Cristóvão Colombo chegou à ilha que hoje é a Jamaica e fez dela uma colônia espanhola, ele encontrou ali os índios nativos, os Tainos. Quando os britânicos tomaram o lugar dos espanhóis, quase dois séculos depois, os Tainos já tinham virado pó: estavam praticamente dizimados – por causa de doenças que o homem branco trouxe e pelo tratamento classe A que os países colonizadores sempre dispensaram aos índios, né?
E foi por causa dessa falta de gente que os bretões começaram a importar escravos africanos para ralar de graça nas plantações de cana. Esse novo povo jamaicano, com a cara que a gente conhece hoje – só conseguiu independência dos gringos em 1962.

Filho de fazendeiros do País de Gales, Henry havia nascido em 1635 e ainda novo tinha ido parar na marinha britânica. Por causa disso, ele participou da invasão do Reino Unido à Jamaica que, até então, era colônia espanhola.

A partir daí o lugar virou base de piratas solo e também de piratas estatais. Morgan era um dos que tinha carta oficial autorizando o ataque a barcos espanhóis. Mas ele foi além do que dizia aquele documento e disparou a pilhar cidades das colônias espanholas. Como aquilo se mostrou lucrativo para o governo britânico, as autoridades fizeram vista grossa e Morgan continuou com seus abusos em terra firme.

Certa vez, Henry se meteu no Panamá e fez e aconteceu e torturou e roubou demais. A Espanha ficou furiosa, mesmo porque nem em guerra com o Reino Unido eles estavam. Então eles exigiram que os britânicos levassem a julgamento o tal Morgan. Para sair da saia-justa, o governador britânico prendeu Morgan de mentirinha, colocando-o num barco rumo a Londres.

Na capital britânica, porém, Morgan ficou solto, sem jamais ir a julgamento e, ainda por cima, ganhando do rei o título de *sir* para depois ser mandado de volta para a Jamaica como autoridade local. Ali, com bufunfa no bolso e prestígio, ele trabalhou pouco e se divertiu muito, farreando, jogando, vivendo na *buena* até morrer de tanta esbórnia.

Morgan morreu de complicações causadas pelas bebedeiras em excesso em 1688, no doce conforto da sua casa própria, que era uma baita de uma mansão na Jamaica. Na seqüência, porque o governo britânico não carecia mais daquele reforço fora-da-lei, a coisa toda mudou de figura. De repente, o lugar viveu uma temporada de caça a piratas. O que era antes paraíso para eles, agora era inferno – com capturas, julgamentos e forca, muita forca.

E onde ficam as tais Índias Ocidentais?

Na época em que esses bucaneiros eram vivos e ativos, falava-se muito da tal região das Índias Ocidentais. Trata-se, na verdade, de um arquipélago (conjunto de ilhas) que fica entre a América do Norte e a América do Sul, ali entre a Flórida e a Venezuela. Às vezes a gente chama a região de Caribe. Às vezes chama de Antilhas.

Esse agrupamento de ilhas é dividido em: Bahamas (um país composto por umas 700 ilhas); Grandes Antilhas (Cuba, Jamaica, Haiti, República Dominicana e Porto Rico); Antilhas Menores (Trinidad e Tobago, Barbados, Granada, Dominica e outras ilhotas); e ainda as ilhas que ficam na parte Norte da Venezuela.

NAÇÕES UNIDAS

Num barco pirata era possível encontrar gente de toda parte. No navio do Henry Morgan, certa vez, havia portugueses, ingleses, holandeses, franceses, italianos... Muitas tripulações pirateiras também aceitavam negros. Outras, tinham negros a bordo, mas como escravos.

Churrasquinho infeliz

Dizem que Rock Brasileiro tinha o hábito de matar seus prisioneiros na brasa, como se estivesse fazendo churrasco. E por falar em queimar uma carninha...

Em 2004, na costa do Haiti, mergulhadores deram com seus pés-de-pato nos destroços do navio do capitão Henry Morgan afundado em 1669 por causa de um acidente besta: os malvados estavam fazendo um churrasquinho de carne de porco quando aquilo disparou uma explosão do barco todo. Quer dizer, esta é uma das versões para o acidente. Mas a outra não é muito melhor: os bandidos estavam dando um festão a bordo e tinham a mania de dar tiros pra cima, essas baboseiras. E aí aconteceu de a saletinha onde eles guardavam a pólvora ser atingida e de o fogo se esparramar bacana. De um modo ou de outro, o barcão afundou, mas não matou Henry.

O EXTERMINADOR DO PASSADO

O bucaneiro francês Montbar destruiu tantos, mas tantos navios espanhóis, matando todo mundo que estava a bordo, que acabou ganhando o apelido de "o exterminador".

MERGULHO, SURFE E UM LIVRO DE HISTÓRIA

Se você curte mergulho, surfe e história, talvez uma boa profissão para você seja a de arqueologista marinho. Esses caras, em vez de procurar por ossos de dinossauros no Nordeste ou mesmo cavar na areia para descobrir múmias no Egito, mergulham para ver se dão de cara com restos, pedaços, utensílios, armas de navios afundados. Mas não confunda barafunda com barra funda, que eles não são caçadores de tesouro. São, na verdade, caçadores de elos perdidos, tentando achar pedaços de coisas que nos recontem como as pessoas viviam no passado. Pois arqueólogos marinhos bons de serviço são responsáveis por boa parte do que sabemos sobre a pirataria.

Juan, Alexander, Daniel e Robinson

Juan Fernandez era um navegador que um dia deu com o casco do seu navio nas costas de um arquipélago a uns 700 quilômetros da costa do Chile. Por causa disso, aquele amontoado de ilhotas ganhou o nome dele.

Em 1704, um marinheiro escocês de 24 anos se desentendeu com o capitão do seu navio, que era um tirano e comandava sempre na base do chicote. E foi assim que Alexander Selkirk foi abandonado ao deus-dará em Juan Fernandez, a seu próprio pedido.

Sozinho ali, Selkirk tratou de se virar. Improvisou uma coisinha aqui e outra ali e quando foi resgatado por um navio inglês descobriu que estava levando aquela vida havia quatro anos! De volta a Londres, a incrível história do rapaz foi contada em tudo quanto era jornal. Isso chamou a atenção de um tal de Daniel Defoe que acabou inspirado o bastante para escrever uma outra história incrível, mas não verdadeira: o livro *Robinson Crusoé*.

Na literatura inglesa, Daniel Defoe (1660-1731) é considerado um dos primeiros a escrever livros em que os personagens parecem de verdade e vivem situações que também parecem possíveis, reais. Seu trabalho mais famoso – que é a narrativa das aventuras do Robinson – foi lançado em 1719.

No livro, Robinson é um carinha que, apesar de seus pais terem discordado, decide virar marinheiro. Ele sofre pra dedéu na mão de piratas turcos que o vendem como escravo. Sofre também com o mau tempo até que, lá pelas tantas, o navio em que ele estava naufraga na América do Sul. Do acidente, só ele escapa, ali, numa ilha deserta.

Crusoé começa, então, a usar sua inteligência e habilidade para se adaptar e sobreviver, e acaba vivendo como náufrago nada menos que 28 anos, 2 meses e 19 dias.

Depois de um tempo, Robinson, de repente, descobre que a ilha não era assim cem por cento deserta. Ele vê pegada de gente no chão e percebe que está na companhia de uma tribo selvagem que faz prisioneiros. Pois um destes prisioneiros escapa e vira depois o grande amigo de Robinson: o famoso Sexta-Feira. Os dois vivem ali até que um navio inglês dá naquela praia. Aí Crusoé vai pra Londres, casa-se e ainda promete que um dia conta suas outras histórias.

O sumo

Os bucaneiros pegaram a idéia de roubar os navios dos piratas-estatais. Mas os bucas, primeiro, na maioria das vezes, não tinham carta que os permitia roubar e por isso eram tratados por todos como bandidos. Em sua maioria eram franceses, holandeses e britânicos metidos nas águas do Caribe e América do Sul, tanto no Atlântico quanto no Pacífico. Eles podiam atacar qualquer um, mas tinham carinho especial por pilhar navios espanhóis. De todo modo, eles ainda se diferem um bocado dos piratas que virão a seguir, muito mais foras-da-lei, abusados e maletas que os bucaneiros.

Os piratas do Caribe

Os bandidos mais famosos do cinema

A maior parte do que lemos, vimos e ouvimos sobre piratas tem a ver com esses aqui: os piratas do Caribe. Por isso mesmo, para que role um bom começo de capítulo, apague tudo o que você já viu ou ouviu sobre piratas da sua cabeça, porque, na prática, esses piratas com perna-de-pau, um olho só, cheios de anéis, chapéu com pena etc. etc. etc. jamais sobreviveriam no mundo real.

Pense bem: o cara se metia em lutas de vida ou morte para garantir o pão, ou melhor, o biscoito podre de cada dia em cima de deques apertados e cheios de cordas passando pra cá e pra lá. Então, não dava para ser perneta e estiloso, né? Além disso, eles viviam duros porque torravam a grana na jogatina e bebedeira assim que metiam as mãos num butim. Portanto, eram, em geral, malvestidos, mal-lavados, mal-educados, bem malacafentos. Era gente que ficava ensopada por dias, se o tempo estivesse ruim, e que suava que nem louco sob o sol tropical do mar aberto, se o tempo estivesse bom. Deu pra pescar a situação?

A época de ouro dessa pirataria foi de 1650 a 1725, com o seu pico em 1720. O Caribe virou o palco ideal pra essa galera porque tinha muitas ilhas sem habitantes, onde dava para se esconder e esperar para atacar de novo. Além do que, ficava no meio do caminho entre as rotas mais usadas entre os colonizadores que vinham às Américas sugar nossas riquezas.

CONFETE, SERPENTINA E PIRATARIA

Entre as décadas de 1920 e 1960, não havia essa conversa de axé, trio elétrico, samba-enredo, nada disso. Sucesso mesmo no Carnaval eram as marchinhas. As danadas têm esse nome porque roubam das marchas militares o seu compasso de dois tempos, mas como aquilo não é pra soldado e sim pra farra, os músicos aceleraram o ritmo da coisa. Essa acelerada mais o fato de as melodias serem simples, pra cima, pegajosas e a letra ser sempre engraçada, cheia de picardia e malícia, fez das marchinhas uma mania nacional que até hoje ecoa nos nossos ouvidos em qualquer baile de carnaval que se preze. Ou você vai ter a cara-de-pau de dizer que nunca ouviu "eu sou o pirata da perna-de-pau, do olho de vidro, da cara de mau"?

Pois é, essa marchinha que todo mundo conhece foi composta pelo Braguinha, que também tinha o apelido de João de Barro e às vezes assinava suas criações com o pseudônimo de Furnarius Rufus – que, cá entre nós, parece coisa saída de Harry Potter, hein? Ele também é o autor de outros vários sucessos da folia, como "Yes, nós temos banana", "Chiquita Bacana" e "Balancê", músicas que já embalaram muita gente, inclusive fantasiada de pirata, em bailes de carnaval de toda parte desse nosso Brasilzão.

Causa mortis

Doença: coisa mais fácil era pirata morrer doente, porque as condições de vida, higiene e o tipo de alimentação eram de lascar. Além disso, não havia médicos na tripulação nem remédios a bordo. E como eles iam a lugares diferentes, pegavam também doenças novas, diferentes daquelas a que estavam, de algum modo, acostumados.

Acidente: a vida de um marinheiro qualquer era mesmo perigosa naqueles tempos, e mais ainda para os piratas, que precisavam fazer reparos no barco depressinha, enquanto davam uma parada numa praia, mortos de medo de alguém os pegar ali, fora do barco, sem rota escapatória. Além disso, havia aquele sobe e desce de mastro, coisas pesadas a carregar, pólvora e o vaivém das ondas que, virava e mexia, engolia um sujeito para dentro do mar. Isso sem falar, é claro, nos dias de grandes tempestades e até mesmo de furacões.

PERNA-DE-PAU

Acontecia mesmo de muito pirata perder um braço ou uma perna, mas nesses casos era mais comum a pessoa desistir da pirataria e arrumar outra coisa para fazer da vida. Em raras ocasiões, no entanto, um despernado seguia viagem, mas como cozinheiro.

Naufrágio: o mais incrível detalhe sobre os piratas é que nos acidentes do tipo cair do navio, assim como nos naufrágios, eles morriam pura e bobamente porque não sabiam nadar. A grande maioria daqueles bandidos do mar não dava sequer uma braçada!

Combate/forca: de quando em quando, eles morriam em ação, de tiro, facada, pancada com qualquer coisa. Ou iam presos e acabavam condenados à forca ou à decapitação (que é cortar a cabeça fora).

Velhice: evento raro era um pirata sobreviver o bastante para ter netos e cabelo branco. E quando isso acontecia, o mais comum era o cabra viver num estado de miséria mais que total.

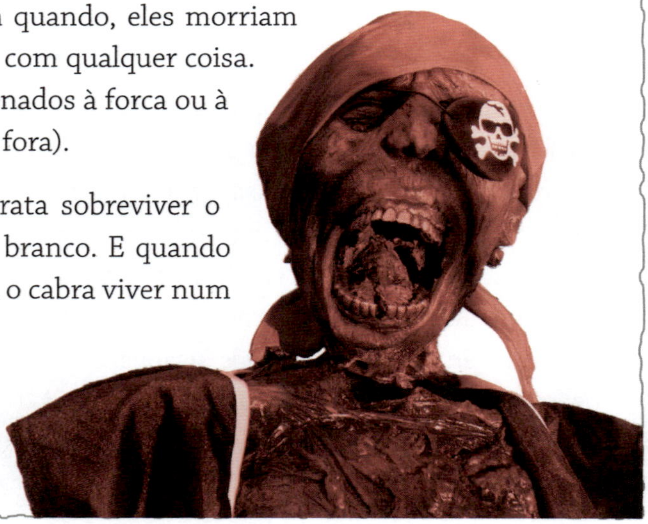

Doença de pirata

NA SECA

Toda água que não fosse a do mar subia a bordo para ser consumida e usada na cozinha. Isso quer dizer que tomar banho e lavar roupa eram atividades feitas com água do mar. Você já nadou na praia, não? A gente fica grudento e desconfortável e precisa tomar banho para se livrar da inhaca. Pois os piratas não tinham essa chance. Passavam meses naquele desconforto. Bom, isso sem falar que, naqueles tempos, tomar banho era considerado coisa pouco saudável, fosse entre marinheiros, fosse entre os que moravam em terra firme.

Escorbuto: a falta de vitamina C causava hemorragias, a gengiva ficava toda estropiada e a resistência às infecções ia lá embaixo.

Doença venérea: uma coleção de doenças que passa de uma pessoa para outra no ato sexual costumava infectar os piratas. A principal delas era a sífilis, doença que, se não for curada, pode deixar a pessoa cega e até doidaça. Opa, ainda bem que hoje em dia existe camisinha, né?

Tuberculose: o bacilo de Koch se mete dentro do corpo das pessoas pelas vias respiratórias e detona o pulmão. A base do tratamento era antibiótico, mas acontece que a penicilina só foi descoberta em 1928. Então os piratas do Caribe que pegassem tuberculose estavam mesmo com os dias contados.

Febre tifóide: é a doença das mãos mal lavadas. Alguém que tem a doença (e às fezes, digo, às vezes, nem sabe que tem), faz caquinha e não lava as mãos ou lava que nem o nariz. Aí as bactérias passam para outra pessoa, através da água ou do alimento contaminado. Essa doença causa diarréia, febre alta e uma moleza de jeca. E pode até matar.

Pirata *fashion week*

A moda dos piratas era ao mesmo tempo primavera-verão e outono-inverno, ou seja, era a mesma o ano todo. Em especial, porque havia dois elementos que pesavam muito na definição do *look*: a falta de grana e a necessidade de uma roupitcha prática e parruda, que desse conta da vida dura daqueles caras.

1 Na cabeça, como proteção contra o sol escaldante, um pedaço de pano, que dinheiro para comprar chapéu ninguém tinha.

2 Cicatrizes aqui e acolá eram um *must* e provavam que a vida de pirata era dura e que eles se machucavam o tempo todo ao serem jogados ao chão por ondas fortes, ao se acidentarem na vida dura de marinheiro ou nas pilhagens. Machucar olho também fazia parte do negócio, por isso, um tampão caía bem no estilo pirateiro de ser.

3 Ter todos os dentes era um luxo que esses piratas jamais tiveram. Buracos aqui e ali ou banguelice total, sem direito à dentadura, era o que se via nos sete mares de então.

4 Um camisão de algodão básico (ou de linho), coalhado de remendos feitos de qualquer jeito e mais sujo que nota velha de um real. Calça larga de algodão, também remendada e também imunda. O estilo despojado dos piratas incluía ainda andar descalço sobre o deque e, no porão do navio, calçar rotos chinelos de feltro.

5 Piratas eram oito ou oitenta: ou usavam o cabelo bem curto para tentar escapar de pragas tipo piolho e pulga, ou usavam longas tranças ou rabos-de-cavalo – dos quais, aliás, eles eram muito orgulhosos. Tanto era assim que eles tinham sempre um amigo do peito, o predileto, que era o "amigo da trança". Esse cara amigão é que fazia as tranças dele e vice-versa. Um L-U-X-O!

6 Anéis e outros ornamentos eram usados se o cabra estivesse fora do barco, porque lá em cima aquilo seria uma burrice sem tamanho. Um anel podia ficar agarrado nas cordas, nas coisas do barco e acabar levando um dedo do sujeito embora – o que, na real, não era pouco comum.

7 Espada na cinta só quando era hora de atacar. E isso também vale para qualquer outra arma, que a vida de marinheiro não combina com penduricalhos por todo o corpo. No máximo, na cintura, uma faca pequena e útil na hora de cortar uma coisinha ou outra e até mesmo para servir de talher. Ah, e alguns capitães quebravam a ponta dessa faquilda para que os piratas sob seu comando não se esfaqueassem numa briguinha qualquer.

8 No lugar do papagaio no ombro, o mais comum era ver um pirata com um gato e antes de mais nada por uma questão prática: com o tanto de ratos que havia nos porões do navio, gatos viraram uma espécie de equipamento obrigatório de qualquer embarcação. Mas, às vezes, quando eles se metiam em paragens exóticas, descolavam pássaros diferentes e bem coloridos, que eles podiam vender por boa grana quando estivessem de volta.

9 Brincos eram um caso à parte. Piratas realmente adoravam brincos, mas também por causa de sua utilidade. É que, no caso de um naufrágio, por exemplo, se eles dessem conta de ir parar numa costa habitada, tinham aquilo como se fosse dinheiro para uso imediato. E, em caso de morte, a jóia pagava um enterro cristão com direito a reza de padre ou pastor. Em outras palavras, o brinco era uma caderneta de poupança portátil.

1
9
5
3
4
2
6
7
4
8

Barco pra todo vento

Dava para escrever montanhas sobre o que seria o barco ideal para uma vida pirateante. Mas o mais sábio aqui é contar a versão curta dos fatos, já que, na prática, barco bom para pirata era o barco roubado, que não lhe custasse tostões. Porém, eles sempre preferiam um barco surrupiado de tamanho médio – grande o bastante para caber toda gente e tralha, mas pequeno o suficiente para ser ágil, rápido e fácil de manobrar.

ESSES ENJOADOS

Se engana quem acha que marinheiros nunca ficam enjoados. Vira e mexe um deles vomita, fica ruim. Mas isso é mais comum no começo das viagens. Num trajeto mais longo, depois de uns dias, o corpo se acostuma com aquele balanço e pára de reclamar.

POESIA BANDIDA

Alguns poéticos nomes dados aos barcos por seus capitães piratas

Galera Aventura . . William Kidd
Humor Negro . . . . . Benito de Soto
Dragão Voador . . . Edmund Condent
Pérola . . . . Edward England
Sol Nascente . . . . . . William Moody
Preguiça Danada . . Fátima Mesquita

Os barcos eram feitos de madeira e sempre havia algum vazamento aqui e ali. Parte do dia da tripulação era lidar com a água que invadia o porão. Além disso, de quando em quando, era preciso estacionar num cantinho qualquer para dar uma geral na embarcação.

Quando eles precisavam fazer manutenção, paravam em uma praia deserta e, com cordas amarradas em todo canto, puxavam o barcão pra areia. Daí eles tiravam as ostras, as algas e outras cracas agarradas no casco e repunham pedaços apodrecidos ou quebrados do madeirame, além de selar buraquinhos com um bocado de alcatrão.

O dia-a-dia num barco pirateiro era pesado. Se o vento mudava, era preciso mudar a vela. Se o vento ficava fracote, tinha que meter mais vela. Se ficasse fortão, era preciso tirar a vela. E dia e noite era essa peleja. Aliás, uma boa noite de sono era coisa rara na vida desses salafras. Piratas se revezavam nas redes porque o barco não parava à noite. Tinha que ter gente organizando tudo, usando cordas para fazer subir e descer a vela. Ou escalando aquelas escadas de corda para ajeitar o pano da vela ou mesmo amarrá-lo nos mastros.

Os navios também não tinham banheiro. Quando o furiquinho dizia "é hora", o cara botava a bunda pelada para fora, sentando-se num banquinho que havia na parte da frente do barco, no deque. O tal banco tinha um buraco no meio que fazia ligação direta com a água. E pronto. Isso funcionava até que bem quando era tempo de calmaria. Mas com o mar agitado, não dava. Nessas horas, então, eles usavam um balde.

O maior inimigo

Passar meses num barco era uma empreitada muito ruim, quer você fosse bandido ou não. Ficava aquele monte de homem apinhado na escuridão do porão do navio, numa catinga danada de suor e sujeira e só com umas velas aqui e ali pra dar uma quebrada no breu. Além disso, a comida era péssima e pouca, contada. E a água também não ficava atrás. Eles praticamente só comiam biscoito mofado, carne meio apodrecida e muita cerveja e vinho pra fazer aquilo descer. De quando em quando, podia até rolar uma carne de tartaruga ou um atum pescado na hora, bem fresco. Ou eles viajavam com galinhas a bordo para comer os ovos e mais tarde as próprias galináceas. Mas, às vezes, a tripulação passava uns apertos danados; passava fome mesmo, em alto mar e sem ter quem atacar para renovar o estoque. Isso tudo sem falar nos ratos, nas baratas e outras pragas (ou mesmo nas doenças, sem médico nem remédio por perto).

O pirata Basil Ringrose passou uma fase de pindaíba terrível, em que ele e seus comparsas tiveram de comer macacos e cobras.

No entanto, o pior dos piores castigos do marinheiro tanto quanto do pirateiro sempre fora o tédio. Eram horas e horas de nada acontecendo para cada 60 minutos de ação, pilhagem e comemoração. Muita gente entediada no mesmo lugar sempre acaba em briga. E pirata quando brigava era um deus-nos-acuda; mesmo porque aquela galera vivia de cara-cheia, cada um mais pinguço que o outro.

SE BEBER, NÃO NAVEGUE

Ficar bêbado num navio no meio do mar não é exatamente uma prova de inteligência. Muitos dos manguaceiros morriam de bobeira, porque caíam bem trouxas lá do deque para dentro da água salgada.

Os goles de grogue dos grogues

Os piratas sempre foram uns cachaceiros. E isso quase nunca ajudava na dura lida dos barcos e menos ainda nos desafios da vida bandida. Dizem que, certa vez, uns piratas estavam tão tronchos, mas tão tronchos, que levaram três dias para se apoderar por completo de um navio, mesmo com a tripulação da embarcação invadida estando ali ó, praticamente se entregando.

Mas sabe o que os piratas bebiam? Enchiam a cara com cerveja quente (não havia geladeira, lembra?), vinho e rum. E para fazer a bebida render, eles inventaram o grogue.

O grogue era uma mistura de rum com água, suco de limão ou casca de limão, em geral, degustada bem quentinha. Ou seja, era quase uma caipirinha, levando, às vezes, inclusive açúcar. O limão era uma boa idéia porque (lembra quando a gente falou de doenças que matavam piratas a rodo?) dava vitamina C para os coitados que viviam sofrendo com o escorbuto.

Apesar de cargas de café e chá valerem altas granas na Europa, os piratas preferiam mesmo era encontrar porões de navios cheios de vinho e cerveja. Só o pixilingue Bartolomeu Roberts preferia chá. Ele achava – e tinha toda razão – que navegar bêbado era a maior roubada.

Dizem que essa bebida ganhou nome em homenagem ao seu inventor, o almirante inglês Edward Vermon. Ed tinha o apelido de Old Grog (o velho Grog), porque usava sempre uma capa feita de um tecido conhecido como gorgorão, que em inglês é "grog". Pois Old Grog, um dia, mandou batizar – ou seja, acrescentar água – no estoque de rum a bordo para fazer com que o destilado rendesse mais.

Por extensão, tanto no inglês quanto no português, quando alguém está tonto, a gente diz que o fulano está grogue.

Muito antes da invenção da pontualidade

Viajar de navio nos séculos XVII e XVIII era uma empreitada e tanto. Primeiro, porque não havia essa coisa de sair todo dia com hora certa, como a gente vê hoje em dia nas estações de trem, rodoviárias e aeroportos. De maneira que ninguém dava a mínima se um navio atrasasse a sua partida, digamos, em três meses ou mais.

CASPA, EU?

Quando os piratas estavam na crista da onda, os barcos eram movidos a vela, ou seja, a vento. Se não ventava, eles ficavam empacados. E, às vezes, desesperados com aquela falta de propulsão, os caras apelavam. Muito capitão passava a faca num chumaço do próprio cabelo para oferecer a forças malévolas em troca de vento. Mas parece que o negócio não funcionava. Também, quem ia querer uns cachos de cabelo sujo em troca de qualquer coisa?

Em compensação, quando um navio chegava ao porto, a cidade inteira ficava em alvoroço. Os comerciantes iam ver se a carga encomendada havia chegado e, em caso positivo, tratavam logo de agitar o transporte pra sua loja. As prostitutas também iam para o porto em bando, para ver se faturavam com os marinheiros. Moleques ficavam ali de bobeira para ver se eram contratados como guias ou mesmo para carregar qualquer coisa e, asssim, descolar um trocado. Os donos de hospedarias mandavam alguém na doca para catar cliente, fazer propaganda, enquanto os outros marinheiros ficavam ansiosos para ouvir as histórias. Era uma fuzarca das boas.

A duração de uma viagem era algo impossível de se acertar na mosca. No máximo, dava para chutar com certa perícia, porque, na prática, tudo dependia das condições do vento, dos problemas que o navio podia ter, da competência dos navegadores, dos ataques de piratas... Por isso, uma viagem, por exemplo, entre a Inglaterra e os Estados Unidos podia levar qualquer coisa entre um mês e meio a seis meses.

Outro detalhe é que, numa viagem a vela, o tempo de ida pode ser bem diferente do tempo de volta, simplesmente porque as correntes de vento, assim como as correntes marítimas, são diferentes. Um exemplo? Vá lá: de Port Royal, na Jamaica, para Havana, em Cuba, o navio levava cinco dias. Mas a recíproca não era verdadeira. Na volta, de Havana para Port Royal, o mesmo barco levava 15 dias de viagem! Três vezes mais! Agora, essas estimativas levam em consideração um barco mediano. Porque barcos menores poderiam gastar um quarto desse tempo para fazer o mesmo percurso, enquanto os grandes navios mercadores tendiam a levar 25% mais tempo para fazer a mesma travessia.

Pirata com especialização

O mundo da pirataria era competitivo, e era uma pena que naquela época ninguém pensava em abrir uma boa escola do crime que desse aulas de especialização, porque pirata que tivesse "algo mais" a oferecer sempre descolava uma partezinha melhor do butim. Um esquema de divisão mais ou menos comum era assim:

Pirata comum	N
Capitão	N × 2,5
Cozinheiro/cirurgião	N × 1,5
Crianças e adolescentes	1/2N
Carpinteiro	1/4 de N*

* O carpinteiro ganhava pouco ou às vezes até mesmo nada porque ele, normalmente, não arriscava a vida em batalhas.

CRIANÇA NA PIRATARIA?

Já pensou que vida terrível e perigosa? Pois é, mas era a triste realidade da época. Meninos de 10, 12, 14 anos – e às vezes até mais novos – podiam ser vistos em embarcações pirateiras fazendo de tudo. Em especial, os meliantes gostavam de colocar os guris para fazer coisas perigosas, como colocar munição no canhão. Isso acontecia direto e reto. Ah, e a maior parte dessas crianças ia parar lá depois que os bandidos atacavam um navio ou uma cidade, e capturavam os garotos.

Bom, ainda bem que hoje todo mundo sabe que fazer criança trabalhar é o U da cobra e que o que criança precisa fazer é ir à escola e brincar. É, mas mesmo assim, ainda tem adulto descarado que faz meninos e meninas – às vezes de apenas 5 anos de idade! – ralar feito gente grande fazendo sapato, vendendo coisas na rua, em carvoarias, como empregada doméstica, em fazendas... como se nosso país vivesse lá no passado, naqueles tempos sem lei da pirataria. Não dá, né?

Enterra essa idéia, mané

Enterrar tesouro pega bem no enredo de livros e filmes, mas na realidade poucos piratas fizeram qualquer coisa parecida. Simplesmente porque eles costumavam beber, comer, jogar e farrear com o butim. Não passava pela cabeça deles guardar. A bufunfa era, na verdade, torrada em dias e noites de esbregue total. E tchau: acabou a grana.

Um dos poucos que enterraram mesmo alguma coisa foi o Kidd (você pode saber mais sobre esse pira na página 96) em Nova York. Mas o tesouro foi encontrado há muito tempo.

SE DOBRANDO POR UM DOBRÃO

O dobrão era a moeda espanhola. Uma destas moedas de ouro equivalia a mais ou menos dois meses de salário de um marinheiro. Então dá para imaginar como ficava feliz da vida um pirata quando, na divisão do butim, ele recebia dobrões, mesmo que fosse um só.

Aliás, na vida real, o tesouro eram os mapas. Nenhum pirata era biruta a ponto de roubar um navio sem levar dali os mapas. Um mapa bem-feito e atual era muito útil para novas viagens. Com eles, os piratas aprendiam como chegar às cidades que queriam roubar e também descobriam onde era seguro fazer uma paradinha para reabastecer ou simplesmente se esconder.

Cada um e cada qual

Confira aqui algumas das especializações da carreira bandida de pirateiro:

FERREIRO

Alguém precisava ser craque na arte de moldar metal e fazer pregos, anéis, braçadeiras que mantinham as cordas e, por sua vez, mantinham as velas no lugar. Esse mesmo sujeito tinha que ter a manha para cuidar de facas, espadas e machados.

GUARDA-BISCOITO

Um infeliz ficava encarregado dos biscoitos, o que não era tarefa fácil, afinal de contas era preciso manter o petisco longe de água, rato e ainda dividir tudo de modo bacaninha entre os bandidos, para não dar briga.

GUARDA-ÁGUA

Um sujeito controlava o estoque de água para beber e cozinhar. Uma das missões dessa pessoa era fazer estimativas de quando é que a água ia acabar. Assim eles podiam calcular onde e quando parar para reabastecer.

CIRURGIÃO-BARBEIRO

Esse cabra dava conta dos feridos e era a pessoa que amputava, porque naquela época a medicina era assim mesmo: estragou? Corta fora!

BARRILMAN

Ah, sim, não dá nem pra pensar em seguir viagem sem ter a bordo um ás em fazer barril, já que tudo que um pirata comia ou bebia era armazenado em barris que tinham de ser feitos com capricho para serem meio que à prova d'água. O barrilman também fazia reparos no casco ou em outras partes de madeira do navio. Se eles não estivessem carregando um cirurgião-barbeiro, ele ficava com a missão de fazer as amputações. E, de preferência, só as necessárias.

GUARDA-PATO

Enquanto um valente pajeava as bolachas, outro destemido ficava por conta dos patos e galinhas, que os piratas às vezes levavam a bordo como fonte de proteína.

CHUMBINHO

Quando eles estavam próximos da costa, um careta ficava o tempo todo jogando uma corda com um peso de chumbo na ponta para dentro da água. Essa corda era cheia de nós, de marcas de medida. Daí ele puxava o chumbinho de volta e depois gritava para quem estivesse no leme qual era a profundidade do mar.

TESOUREIRO

Tomava conta do tesouro, dividia o butim e pagava o pessoal.

LEITOR

Olha aí, esse cargo dava justinho pra você, não? Se bem que o caso aqui não é ler livro, mas ler mapas para poder navegar. E, em geral, esse era o homem que também grudava no leme.

CANHOTEIRO

Não, aqui canhoteiro não quer dizer gente canhota. É invenção minha como título para quem lida com os canhões do barco e o restante das armas e munições. Esse daí era o único autorizado a entrar na salinha secreta onde eles guardavam a pólvora. Cara importante. Era ele quem dosava o tanto de pólvora que ia entrar em cada canhão na hora de dar uns tiros.

"GEZELADOR"

Esse indivíduo funcionava como uma mistura de gerente com zelador – e por isso o estamos chamando aqui de gezelador. Mas, na verdade, o título dele era "marido do barco", porque ele ficava encarregado da conservação geral da embarcação.

MÚSICOS

Entretinham a turma durante as viagens e faziam barulho para assustar a tripulação dos navios que eles queriam tomar.

COZINHEIRO

O mais comum era que os barcos não tivessem cozinha. O rango era feito num caldeirão. E desse jeito, claro, era impossível cozinhar quando o tempo estava ruim e o mar estava bravio. Mas com calmaria ou tempestade, a comida deles era sempre ruim. Não havia variedade alguma; muitos dos ingredientes apodreciam no meio da viagem e a sujeira imperava sem pena.

Se tivessem chance, piratas capturavam tartarugas ou os ovos delas nas praias para matar a saudade de uma carninha. Mas, na verdade, o grosso da alimentação era um biscoitinho terrível de ruim, duro e podre, que eles preferiam comer já de noite, no escuro, para não ver as larvas e outros bichoroscos que faziam morada no rango. Além disso, esses biscoitetes eram famosos por serem duros feito pedras.

Todo tipo te, ops, de tiros

Mexer com canhão nunca foi fácil. Primeiro porque mesmo um pequetito costuma ser mais pesado do que nós damos conta de imaginar. E tudo nele era osso duro de manipular. Virar a pontaria para cima e para baixo, ou fazer um ajuste para a esquerda ou direita, dava um trabalho do cão. E tinha que ser rápido. Além disso, havia o coice que aquele jamantão dava ao disparar. Um coice que matou muito marinheiro desavisado. Sem falar nos dias em que aquele troço explodia e matava todo mundo que estava em volta e até afundava o navio, porque alguma coisa na complexa operação de carregar e recarregar a arma tinha dado errado.

VALE QUANTO PESA

Canhão pequeno cuspia bala que pesava entre quatro e seis quilos, mas havia os grandões que vomitavam balas de até 15 quilos.

O capitão Piratão Moidore estava atacando um navio português quando percebeu que sua munição havia acabado. Daí ele não teve dúvidas: mandou chuchar dentro do canhão um punhado de moedas de ouro e mandou bala. Os mortos e feridos do outro lado foram depois escavoucados por gente louca para recuperar uns tostões.

E havia mais: os tiros de canhões tinham variadas funções, por isso a munição era diferente, apropriada para as mais diversas más intenções. Às vezes, eles enchiam a garganta do canhão, por exemplo, com material cortante para fazer um belo de um estrago nas cordas e velas do navio-alvo, de modo que a embarcação atacada não pudesse seguir navegando.

BOLOTA CLÁSSICA – Aquela bolota pesada, que nós classicamente associamos com tiro de canhão, era usada para fazer rombos no casco e afundar o outro navio – o que os piratas raramente desejavam que acontecesse.

QUASE NINJA – Eles colocavam uma bala pequena numa ponta e outra bala também pequena na outra ponta de um pedaço de corrente. Depois projetavam aquilo via canhão, mirando nas cordas e velas do navio inimigo. Aquela geringonça saía rodando zupt-zupt-zupt, como se fosse uma espada cortando os ares em giros e mais giros num estilo quase ninja. Destruía que era uma beleza e, de lambuja, assustava com o barulhão doidão que fazia.

CONFETE MORTAL – Um punhado de balas menores, mais ou menos do tamanho de mansas bolinhas de pingue-pongue – mas bem mais pesadas – eram amarradas dentro de um saco de pano que arrebentava depois do disparo, criando uma chuva de bala no deque do navio-alvo. A rajada tinha um efeito multiplicador mortal, atingindo gente e encordoamento. Ah, e se não havia balas, eles usavam pedras.

FEDIDO – Os piratas também gostavam de lançar uma espécie de granada recheada de enxofre. O fedor especial fazia quem estivesse escondido no porão do barco subir rapidamente.

Dando bandeira

Muito antes de tiros ou qualquer outra bravata, os piratas usavam bandeiras. Elas eram parte importante da tática de aproximação e ataque. A primeira bandeira que eles mostravam era, via de regra, para enganar trouxa. Eles subiam no mastro uma bandeira de um país qualquer, para fingir que eram gente boa, navegadores da paz. E assim tinham chance de atacar de surpresa.

Quando já não era mais o caso de poder fazer surpresinha e eles estavam mais na fase de perseguir o navio inimigo, aí eles faziam subir uma bandeira vermelha com o desenho de uma caveira meio endiabrada. Isso era o mesmo que mandar um bilhete dizendo: "Compadres, nós somos muito, mas muito maus. Mas podemos fazer um negocinho bacana. Vocês podem se render e sair vivos dessa paradinha, se entregarem o que há de valioso no barco. Mas pensem rápido. Porque se vocês resistirem... sangue bem vermelho vai jorrar. E eu acho que vai ser o de vocês (risada macabra, pra combinar)".

O fato é que muita gente olhava aquela bandeirinha avermelhada, tremia nas bases e se entregava mesmo. Mas uns insanos e valentes resistiam. E nessa hora os bandidos botavam uma terceira bandeirola para arriba, com nova mensagem: "Seus manés, se vocês não se entregarem agorinha mesmo, nós vamos chegar aí e matar todo mundo, sem dó. Não vai sobrar nada nem ninguém. Vocês não gostam de viver?". Essa era a famosa bandeira preta com o desenho da caveira branca no meio.

O primeiro a colocar essa bandeira no mastro foi o pirata do Caribe Emmanuel Wynne, lá pelas beiras dos 1700. E aquilo logo virou moda. Os piratas acharam que fazer uma bandeira que fosse símbolo de terror só ia mesmo facilitar as coisas. Aliás, o teatro era completo: além da assustadora bandeirola, tinha fumacê, muita gritaria, bateção de tambor, tiros dados pra cima... Tudo para criar um clima de pânico total no navio-alvo.

Mas quem fazia as bandeiras? Ah, os próprios piratas; eles sempre foram bons de costura. Qualquer Zé Mané dos mares tinha que saber pegar em linha e agulha para poder consertar uma vela avariada. Então, o capitão bolava o desenho e eles se sentavam bem calminhos para costurar aquilo bonitinho. Às vezes, eles pagavam para as viúvas de piratas para que elas fizessem o serviço. Só que não com dindim: pagavam com bebida!

Advinha quem está atrás de você?

O fator surpresa, o terror e a velocidade eram as chaves do sucesso de um ataque pirata. E tudo isso sem pressa, pois observar por horas ou dias um navio era uma estratégia que levava a bons frutos.

A aproximação acontecia e, logo depois, eles davam um tiro de canhão na água, que nada mais era que um aviso, um jeito de dizer: "Reparou que a gente tem canhão e é nervoso?". Aí eles deixavam claro que queriam rendição, na boa. Caso ninguém se rendesse, eles então atiravam para quebrar mastro, estragar vela, essas coisas, porque afundar o barco com o butim lá dentro é que não fazia sentido. O próximo passo era invadir a embarcação e pilhar à vontade, se preciso lutando com pistola e faca.

O PLANO Z

Para invadir o navio dos outros, os piratinhas às vezes jogavam um treco parecido com uma âncora – só que mais leve e com terminações bem pontiagudas – pra cima do barco que queriam pilhar. Isso servia de ponte para que os bandidos pudessem passar de um deque para o outro.

Alguns piratas eram mais sem noção do que outros e tacavam fogo nos passageiros e na tripulação dos navios invadidos. Ou cegavam as pessoas, cortavam orelhas fora, nariz, membros. Houve quem até costurasse a boca de um cara com uma daquelas agulhas usadas para costurar as velas. Bom, mas você está chocado por quê? Ah, achou que eles fossem os bonitinhos do cinema, né? Grande engano: eles eram bandidos. E dos mais bandidões.

A questão da bufunfa

As quatro grandes forças desta época – fim do século XVII e começo do XVIII – eram o Reino Unido, a Espanha, a França e a Holanda. Mas a moeda mais comum era o peso de oito, feita de prata, dos espanhóis – valeria hoje uns 15 reais. Aliás, naquela época não havia essa coisa de nota, não. Era tudo moeda – de ouro, prata ou cobre. E não havia problema de fronteira: qualquer dinheiro estrangeiro servia para fazer compras em qualquer parte do mundo porque os comerciantes olhavam era para o material e o peso da moeda. De onde ela era, não interessava. Vem daí aquela cena clássica de um saco de pano cheio de moedas com o cara meio que pesando na mão para ver qual era o seu poder de compra, quão rico ele estava naquele exato momento.

O truque de pesar era importante, porque muito picareta dava umas limadas nas moedas na tentativa de depois pegar aquele pó de prata, ouro ou cobre e derreter até ter um bom punhado. Hummm, parece trabalhoso demais e pouco rentável, né? Mas vá saber. Talvez valesse a pena mesmo, já que meio quilo de moeda de prata, por exemplo, rendia o que seria hoje uns 800 reais.

Vende-se casa. Bom preço: apenas 30 quilos, facilitados

Essa coisa de carregar moeda daqui pra lá funcionava bem, a não ser quando era o caso de fazer negócios envolvendo altas granas, como comprar casa, terreno, barco, essas coisas. Transações mais vultuosas eram feitas com uma espécie de cheque, enquanto os governos lançavam cartas de crédito, que eram papéis dizendo: "Olha, moço fulano de tal, nós do governo juramos de pés juntos que você tem crédito aqui, que nós lhe devemos essa quantia aqui ó, e que vamos pagar."

RENDIMENTOS

Calcula-se que um dobrão, que era aquela importante moeda espanhola daqueles tempos da pirataria, valeria hoje uns 120 reais. E se você pensar que um marinheiro honesto, no começo do século XVIII, não ganhava mais do que 75 reais por mês, pode imaginar como era tentadora a vida de pirata para os sujeitos que achavam que a honestidade por si só não valia nada.

Então, o dono daquela carta de crédito repassava aquilo para outra pessoa na hora de fazer um pagamento, como se passasse pra frente um cheque que o governo tinha dado a ele. Mais ou menos isso. Se bem que essa carta não valia nada no caso dos piratas, porque eles eram bandidos e não tinham nada a ver com transações legais. O que eles queriam era mesmo *la plata*, a moeda em si, pesadinha, brilhantinha, tilintante e, de preferência, no plural: moedas, muitas moedas.

CUSTO DE VIDA

Em reais dos dias de hoje

Pra ficar na geral de um teatro	0,32
Meio quilo de carne	0,65
Um porco inteiro	80
Uma dúzia de ovos	2
Uma garrafa de rum	4

CARGAS E VALOR

Em reais dos dias de hoje

200 pares de sapatos de couro	32.000
200 livros	96.000
10 dentes de elefante (marfim)	3.200.000
Um barril de cravo da Índia	32.000
Um barril de vinagre	1.600

Apesar de tanta inhaca, muita gente queria ser pirata

Quando a gente lê livro de ficção, acaba achando que os piratas eram aventureiros ou mesmo gente boa à cata de justiça. Mas isso é ficção. Na real, o pirata, em sua maioria, começava a carreira no mar ainda criança, como aprendiz, com um cargo qualquer. Depois, ele virava capitão-pirata por eleição. Isso mesmo: os piratas elegiam quem ia ser o comandante... dos ataques. Ah é, porque o capitão mandava na hora da ação. Acabava aquilo ele não mandava mais. Só voltava a ter poder de comando na hora de um novo ataque.

Bom, mas eu estava falando sobre como uma pessoa virava pirata. Alguns sujeitos caíram nessa vida após deserdar da marinha, porque naquela época muita gente era forçada a ser marinheiro. O pessoal da marinha pegava gente na rua, seqüestrava mesmo, depois botava dentro do barco e dizia: “Agora, você é um marinheiro e se tentar fugir, morre”.

A vida na marinha era perigosa e, sobretudo, uma chatice, enquanto o salário, ó: era desse tamanico. Os caras eram proibidos de conversar no deque, comiam uma gororoba horrível, ficavam às vezes anos sem desembarcar, passavam tempos sem receber um tostão e por qualquer coisinha (tipo conversar na aula, ops, no deque) eram amarrados e depois chicoteados. Isso quando eles não eram amarrados a uma corda e jogados na água, para atravessar o barco por debaixo do casco, do lado direito para o esquerdo, por exemplo, o que, obviamente, quase sempre matava o punido.

O recrutamento dos piratas fazia sucesso entre os desempregados e também entre os criminosos que estavam sendo transportados da Europa para cumprir pena nas novas terras.

Era por tudo isso que os rapazes, quando tinham uma oportunidade de pular para o lado dos bandidos, não pensavam duas vezes e abandonavam a marinha no ato.

Já os piratas, nesse sentido, eram muito mais bacaninhas. Dava para ver um pouco mais de solidariedade e fraternidade entre eles. Com eles também, o que vinha de bom ou ruim era dividido, enquanto na marinha os coitados só ficavam com a parte chata e arriscada.

OS DEMOCRATAS DA LADROLÂNDIA

Entre 1500 e 1750, a única democracia que existia no planeta era a dos piratas que votavam para eleger seu capitão e, às vezes, até o pessoal que ocupava outros postos importantes. Eles votavam para colocar e para tirar um carinha de uma posição. Votavam também sobre o que fazer: navegar pra cá ou pra lá, lutar ou fugir, ancorar ou seguir adiante. Podia acontecer de, numa só viagem, a turba mudar de capitão mais de uma dúzia de vezes assim mesmo, na base do voto.

Agora, dá pra imaginar que essa democracia radical era catastrófica, com os navios vagando sem rumo, mudando de direção ou de estratégia assim de repente, só porque a tripulação havia mudado de idéia.

Outras fontes de gente para a pirataria eram os ataques dos próprios piratas. No meio da luta, às vezes os bandidos se impressionavam com a coragem e a habilidade de um carinha e daí eles o convidavam a virar pirateiro também.

Motins também eram ponto de partida para uma vida de pirata. A tripulação se enfezava com o capitão de um barco sério, normal. Daí eles davam um golpe, destituíam o sujeito do comando e passavam a tomar conta da embarcação, metendo nela uma bandeira piratinha. Mas aqui há um problema: piratas produzidos após motins sempre foram os mais doidões. É que eles sabiam que a punição contra o motim era forca. Então, a vida de pirata não trazia risco novo, de modo que o cara não estava nem aí e aprontava mais do que qualquer outro.

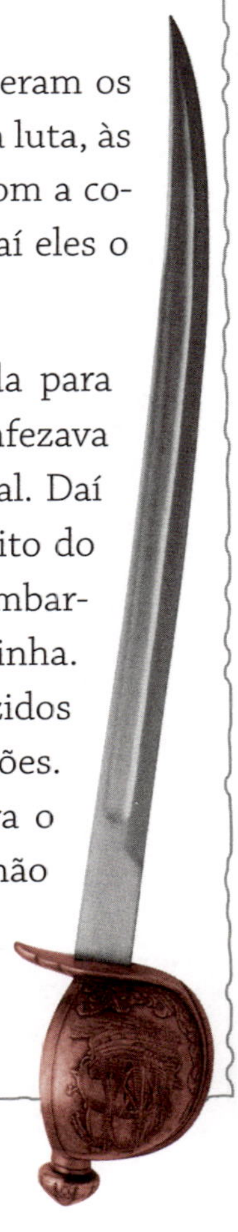

TIPO ROBIN HOOD

Havia guerra para todo lado, escravidão, uns poucos eram donos de toda terra e de toda riqueza, muita gente passava fome e vivia uma vida miserável, enquanto as mulheres eram praticamente escravas dos maridos. Por isso mesmo, há quem veja os piratas como rebeldes interessantes, que davam o troco naqueles ricos países que saíam por aí explorando e matando outros povos, escravizando gente, arrancando ouro e prata das terras de outras pessoas.

Quando os bandidos atacavam barcos, lugarejos ou cidades, muitas vezes carregavam com eles crianças de 10, 12 anos de idade para cima do navio. Daí eles botavam esses moleques para trabalhar na cabine do capitão, fazendo de tudo e, de quebra, aprendendo os ossos do ofício de ladrão. Aliás, adolescentes que estivessem naquela vida bandida tinham uma função importante e das mais perigosas na hora dos ataques: eram eles que alimentavam os canhões com munição.

Crime e castigo

De quando em quando, uns piratas eram pegos com a boca na botija e iam parar na prisão e até na forca. As cadeias dos séculos XVII e XVIII eram, em geral, as masmorras, com aquelas celas escuras, fedidas, insalubres, feitas abaixo do solo, como um porão. E a vida ali era um inferno. Havia superpopulação das celas e o preso tinha que pagar pela própria comida, pagar se quisesse ter velas (ou ficava no escuro total, breu puro) e pagar até se quisesse ter o direito de ficar mais próximo do fogo que esquentava o lugar nos dias de frio. Terrível e meio. Ao cubo.

PIRATA DE CASTIGO

Não raro, um pirata que pisava no tomate era julgado por seus pares e recebia, então, uma sentença. A pior delas era ser deixado sozinho em alguma ilha deserta, só com um tiquinho de comida, uns golinhos de água potável e uma arma com apenas um cheirinho de pólvora.

Na Inglaterra, houve época em que os navios velhos, sem condição de continuar navegando, eram ancorados no rio Tâmisa para servirem de prisão. Mas ir pra lá ou para uma masmorra era considerado pela bandidagem tão ruim quanto a forca, porque as condições de vida eram mesmo de morte.

Na hora da morte e sem amém

Uma pessoa condenada à forca subia no cadafalso vestida como qualquer um e depois era executada. Mas com piratas era diferente. Um ferreiro vinha e tirava as medidas do cara como se fosse um alfaiate pronto pra costurar uma roupa de gala. No entanto, o que o ferreiro fazia estava longe de ser elegante: ele construía uma forma, uma grade para encapsular o corpo do bandido dos mares na hora da morte. E de modo bem apertadinho, para que os ossos continuassem ali, presos, mesmo depois de a carne desaparecer, carcomida pelo tempo, pelos pássaros, pelas bactérias. Até hoje há museus que guardam essas macabras provas do passado que reproduzem o formato do corpo humano e ainda trazem, lá no topo, a parte superior do crânio ainda presa à grade de ferro. E o governo fazia isso para tentar assustar outros piratas ou ainda para deixar as pessoas tremendo nas bases, sem coragem alguma de começar uma carreira pirateira.

A hora de executar um pirata era determinada por lei como sendo na maré baixa. O juiz determinava o dia da execução e aí, na data certa, quando o mar estava baixo, a forca comia solta. As últimas palavras do ex-bandido, e agora defunto, eram publicadas nos jornais que vendiam aos montes depois de uma execução de piratinhas.

JACK SPARROW

A série de sucesso do cinema de *Piratas do Caribe* começou com um filme em 2003 baseado numa atração dos parques da Disney, nos Estados Unidos, que leva o mesmo nome. O problema é que o filme fez tanto sucesso, mas tanto sucesso, que a direção dos parques achou melhor remodelar a atração, fazendo o caminho contrário: agora, copiando o estilo, o enredo e os personagens do filme.

Boa parte dessa sucessão tem a ver com o personagem Jack Sparrow, interpretado por Johnny Depp. O ator diz que se inspirou no guitarrista roqueiro dos Rolling Stones, Keith Richards, para compor seu pirata – e Keith acabou até aparecendo em um dos filmes da série. Aliás, Richards tem tudo a ver mesmo com Depp, já que o ator também é guitarreiro nas horas vagas. É que ele começou na vida artística com uma banda e acabou virando ator por acaso e ainda hoje, sempre que tem chance, toca por aí e, ao que parece, toca bem. Tanto é assim que chegou até a gravar duas vezes com o Oasis, sempre ali, na guitarra.

As malvadas

Vestidas de homem e levando uma vida igual a dos zés, as mulheres piratas eram mais comuns do que se pensa. Embora, no final das contas, as que ficaram conhecidas foram apenas as que chegaram a ser presas, né? Confira aqui algumas destas figuraças.

Grace do Cabelo Curto

A irlandesa Grace O'Malley pirateou por 25 anos e ganhou fama como Grace do Cabelo Curto, porque ela nunca deixava o cabelo ir além de uma grama miúda na cabeça. A danada era viúva e mãe de três fedelhos quando se lançou ao mar à frente do negócio da família, que envolvia a liderança de uma frota de vinte navios. Em 1577, ela entrou numa canoa furada: os ingleses a pegaram e a colocaran no cadeião. Mas dona Grace ficou presa por 18 meses e depois voltou à bandidagem. Vieram, então, anos de pobreza e ela, enfarada daquilo, resolveu roubar também em terra. Em pouco tempo, seus navios foram tomados.

Mas a nada graciosa Grace achou aquilo um absurdo. Escreveu pra rainha e foi até visitar a monarca pessoalmente. A jogada surtiu efeito e a rainha Elizabeth não só lhe deu ouvidos como ordenou que o governo irlandês lhe desse uma espécie de pensão do INSS para todo o sempre. E foi assim que Grace, já setentona, aposentou-se, passando o leme dos seus negócios para os seus filhos.

Dona Maria cai na pirataria

Mary nasceu na Inglaterra em 1693 e, sabe-se lá por que cargas d'água, a mãe da moça resolveu criá-la como menino. E foi assim mesmo, vestida como um rapazola, que ela foi trabalhar na marinha inglesa. No meio da sua vida de marinheira, Mary conheceu um marinheiro e se casou com o guapo. Os dois deixaram o mar para trás e abriram uma taverna. Só que o maridão bateu as botas e o boteco começou a declinar. Mary achou melhor se vestir de homem de novo e voltar para a marinha.

Dona Mary não era de quietar o facho facilmente, por isso não demorou muito para ela pular fora da marinha e ir trabalhar num navio mercante holandês. Numa viagem, porém, eles foram atacados por piratões ingleses que quiseram levar aquela compatriota para a banda deles. Ela aceitou o convite para salvar a própria pele. No começo, imaginava que ia brincar de bandida apenas até achar um jeito de escapulir. Mas parece que ela tomou gosto pela coisa e foi ficando e ficando e ficando. Dizem que, durante todo esse tempo, ninguém nunca suspeitou que Mary não fosse homem.

Em 1717, os ingleses resolveram anistiar quem quisesse ser perdoado pela sua vida errante nos mares. Mary se candidatou prontamente e foi viver sossegada numa ilha. Quando a grana minguou, ela pegou uma carta de autorização e foi comandar um navio de piratas-estatais. Foi nessa ocasião que ela conheceu Anne Bonny.

Dona Ana vai em cana

O pai de Anne era um advogado irlandês importante, mas a mãe dela era a empregada da casa. Para enganar (ainda mais) a esposa, o cara resolveu criar Anne como se ela fosse um menino, um parente distante que ele, ra-ra-rá, tão bondoso, pegou para criar. Só que a mulher dele não era uma jacu qualquer. Sacou a mentirada e fez escândalo. Então, o sujeito resolveu fugir com a empregada e a filha. E foi embora para a Carolina do Sul, nos Estados Unidos, onde ele se deu bem.

A ruivinha Anne, no entanto, deu desgostos vários ao papi, casando-se, aos 16 anos, com um marinheiro pé rapado chamado James Bonny. Por conta disso, o pai deserdou a filhota que teve de se mandar dali com o amado.

A dupla foi parar numa ilha do Caribe onde ela acabou se apaixonando pelo pirata Calico Jack. A dona deu então um pé na buzanfa do marido e caiu na pirataria e nos braços de Jack. E foi já como bandidona que Anne conheceu Mary. Elas passaram a lutar no mesmo bando e logo estavam amigaças, carne e unha, Anne e Mary, Mary e Anne.

Em 1720, o navio de Calico foi encurralado por forças oficiais. A batalha estava feia e muitos piratas resolveram pura e simplesmente fugir e se esconder no porão. Apenas duas pessoas ficaram no deque lutando bravamente. Adivinha quem? Acertou! Só as mulheres ficaram lá dando duro.

O AMOR SALVA

Numa batalha para pilhar um navio, os piratas mataram praticamente todo mundo, sobraram apenas uns gatos pingados. Mary achou um deles muito gatinho e eles acabaram ficando juntos. Só que esse sujeito arrumou uma quizília feia com outra pessoa do navio. E aquilo era o tipo de coisa que os piratas resolviam via duelo em terra firme. Por isso, assim que eles ancoraram, os caras marcaram a parada para o dia seguinte.

Mary achava que o seu amadinho não ia sair vivo dessa. Por isso, inventou um bate-boca com o desafeto do seu querido, de modo a cavar um duelo com o mesmo sujeito duas horas antes. Era de manhã bem cedo quando ela matou o desafeto com sua espada.

Quando Mary notou que elas estavam lutando contra a maré, gritou para os piratas medrosos que eles deviam subir e lutar feito homens. Como não obteve resposta, ela atirou lá pra dentro, matando um dos seus e ferindo outro, de tão furiosa que estava com aqueles covardes.

No final das contas, é claro, eles foram vencidos e carregados para a forca em terra. Na hora das execuções, os juízes sempre perguntavam se os condenados tinham algo a dizer. As mulheres avisaram, então, que estavam grávidas e, como aquilo era verdade, tiveram suas penas adiadas para depois do parto.

Mary, porém, morreu antes disso. Ela pegou uma doença na cadeia. Já Anne escapou da sua pena, quando amigos de seu papai influente resolveram ajudá-la, conseguindo libertar a bandida.

Entrevista exclusiva

Qual o seu nome completo?
Fátima "Cruela" Mesquita

Quando você virou piratinha?
Já nasci assim.

O que você mais gostava de atacar?
Prato de doce em festa. Em especial, cajuzinho.

Quando virou capitoa?
Que é isso?! Nunca fui à-toa: fui capitã! E muito cedo, pela minha bravura e competência!

Qual a sua memória inesquecível?
Ah, a primeira vez em que coloquei meu barquinho de jornal pra navegar na água depois de uma enxurrada.

Quantos navios você chegou a ter?
De papel, uns cem. De miniatura Revell, um só, mas muito malfeito. A cola gruda no dedo, as peças são muito pequeninhas e a minha paciência é curta.

Que filme de pirata você mais gostou de ver?
Com toda certeza, o desenho da Disney com o Peter Pan.

Ficha (con)corrida

Já matou muita formiga, mas hoje em dia se arrepende um pouco dessas ações sanguinárias e, na real, morre de medo de barco, porque fica enjoada com facilidade.

Saturnália e Libertália

Piratas reconheciam outros piratas e jamais roubavam de outro ladrão. Muitas vezes até se juntavam pra fazer um arrastão nos mares. Em 1695, por exemplo, os malacos dos capitães Avery, Faro, Want, Maze, Tew e Wake uniram forças, somando quase quinhentos homens que foram atazanar a vida dos muçulmanos que seguiam em sua tradicional visita a Meca. Outras vezes, eles se encontravam para abusados rega-bofes, grandes festanças. Uma delas ficou conhecida como "Saturnália". Ocorreu em 1718, quando os bandidos liderados por Barba Negra foram para a Ilha de Ocracoke na Carolina do Norte, Estados Unidos, para encher a cara e aprontar com os meliantes comandados por Charles Vane. Uma festa histórica.

Já a "Libertália" teria sido fundada pelo capitão francês Misson e seu bando de piratas no século XVIII. Ninguém sabe com certeza absoluta se isso aconteceu mesmo ou se foi total ou parcialmente inventado. Mas reza a lenda que os cabras se instalaram em Madagáscar para fundar ali uma nova nação, onde ninguém ia mandar em ninguém, ninguém ia ser dono de nada, tudo ia pertencer a todo mundo e todos seriam iguais.

Madagascar é a quarta maior ilha do mundo e fica lá embaixo, na parte ocidental, na África. A população não é africana, mas parece ter vindo da Indonésia.

Eles também resolveram que deixariam de se referir às suas prévias nacionalidades. Então, no lugar de franceses, holandeses, ingleses, eles iam dizer que eram "liberis". Thomas Tew teria até se reunido a eles, enquanto viviam na boa. Dizem que algumas boas dúzias de piratas foram pra lá, com suas gangues e famílias para tocar adiante um projeto que teria durado 25 anos.

Um menino, um capitão, um lorde, um mapa, um tesouro, um motim e um pirata de uma perna só

Esses são alguns dos componentes de um dos maiores clássicos da literatura de aventuras do nosso mundo. A história é mais ou menos assim: uma moça acha, num baú trazido pelo mar, um livro já velho que mal dá para ler. Mas quando ela pega no volume, de repente, os personagens ganham vida e disparam a narrar suas aventuras sobre a procura do mapa de uma ilha onde um pirateiro super do mal enterrou um tesouro daqueles. Pois o tal mapa acaba nas mãos de um moleque, Jim Hawkins, e é aí que o bicho começa a pegar feio...

Betão era mesmo bom na escrita porque ele não só escreveu um sucesso imortal, mas dois: ele é também o autor de *O médico e o monstro*, que conta a história de um médico bonzinho que tem um lado B terrível. E o mais interessante é saber que esse clássico do Jekyll/Hyde foi escrito, produzido e impresso em apenas dez semanas, fruto de um sonho que o Beto teve numa noite maldormida.

A trama é de tirar o fôlego e foi criada pelo filho único de uma família escocesa endinheirada, Robert Louis Stevenson (1850-1894), que decepcionou o pai engenheiro e foi fazer advocacia. O rapaz se formou, mas nunca trabalhou como advogado porque queria mesmo era escrever e também porque tinha sérios problemas respiratórios e vivia mais na cama do que qualquer outra coisa.

Os médicos acabaram aconselhando a família a mandar o Robert pra longe de Edimburgo, que é um lugar muito frio e úmido. Os pais dele, então, o mandaram pra França. Apesar de dodói, Beto adorava uma farra e foi na boemia que encontrou sua futura esposa, uma americana que passava uma temporada nas terras francesas.

Por causa do encontro, nosso apaixonado escocês viajou para a terra da amada, onde ficou morando por um ano. No final, voltou pra casa com a mulher a tiracolo e ainda o filho dela, porque dona Fanny Vandegrift Osbourne já havia sido casada antes.

Um belo dia, no verão de 1881, Betão estava com toda a família num sítio. O enteado dele, Lloyd , que tinha 12 anos nessa época, estava morto de tédio. Para entreter o menino, o padrasto começou a desenhar para ele um mapa de uma tal ilha do Tesouro. E quando ele deu pela coisa, era o próprio Beto quem estava todo animado com o enredo que já ia bolando.

Dali para escrever o famoso livro *A ilha do tesouro* foi um passico de nada. Nascia assim o primeiro volume de autoria dele que era todo-todo de pura ficção. E o sucesso foi não só enorme como duradouro: desde o seu lançamento, há mais de 120 anos, o livro não parou de vender.

Uns 13 anos depois, Stevenson morreu assim, de repente, vítima não do pulmão fraco, mas de uma hemorragia cerebral, quando tinha apenas 44 anos de idade.

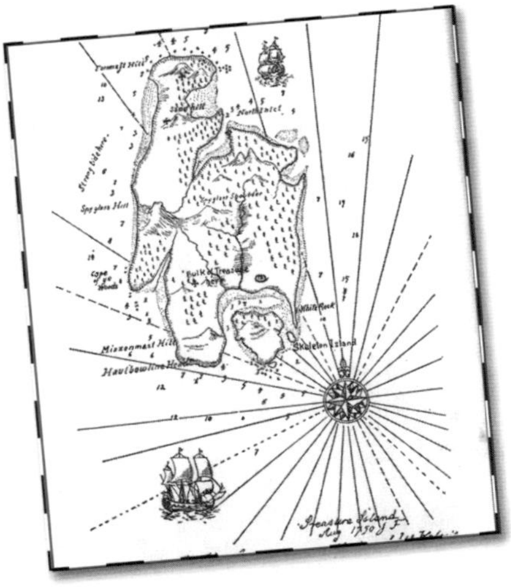

Os piratas dos Estados Unidos

Os felizes filibusteiros

Jean Latiffe era pirata nas costas dos Estados Unidos. Quando a colônia quis decretar sua independência e resolveu guerrear contra o Reino Unido, o bandido foi abordado pelos britânicos que lhe ofereceram grana para que ele pilhasse oficialmente para eles. Mas Jean não quis saber da história e foi direto para a outra banda, se oferecendo para roubar em nome dos revoltosos. E foi assim que virou herói nos Estados Unidos.

É que durante a guerra de independência dos Estados Unidos, os britânicos tinham uma oficial vantagem numérica nos mares, já que os insurgentes não contavam com mais do que 34 embarcações na sua marinha. Para compensar, os revoltosos usaram e abusaram dos piratas oficiais: lá pelas tantas, havia quatrocentos deles trabalhando para os norte-americanos. John Paul Jones era um deles: herói para os ianques; pirata total para os britânicos.

NAS BOCAS DO MISSISSIPI

Jean Latiffe nasceu no Haiti e quando cresceu o bastante para cair de vez no crime, ele não titubeou e correu pra bandidagem. Foi assim que ele se tornou uma lenda, como pirata solo, pirata estatal, contrabandista e comerciante de escravos em Nova Orleãs onde, calculam, 10% dos empregos eram de seus (ilícitos) empreendimentos. O rapina era comandante geral de uma vasta área nas bocas do rio Mississipi. E estava com tudo mesmo. Tanto era assim que o governador da região, que oficialmente estava à caça dele, podia ser visto com freqüência conversando com Latiffe enquanto eles jantavam em Nova Orleãs.

As colônias, em geral, temiam, mas também gostavam daquela inhaca chamada pirataria, fosse ela oficial ou não. É que as matrizes exageravam no trato e compravam a matéria-prima para as mesmas colônias a preço de banana-prata pra depois vender produtos manufaturados a peso de ouro – não a banana-ouro, mas ouro vil metal. Então, quando um pirata chegava vendendo produtos com preços bem em conta, os colonizados compravam mesmo. Os corruptos governantes locais, assim como as corruptas autoridades portuárias, recebiam um cala-boca e pronto: a negociata estava fechada. Outros iam até mais longe e faziam como o governador real de Nova York, Benjamin Fletcher, que dava carta de pirata oficial para quem quisesse sair mar afora pra roubar e depois dividir o butim com ele, como foi o caso do piratão Thomas Tew.

Kidd disgrama!

O capitão William Kidd era um escocês que começou sua carreira como caçador de piratas, mas acabou mudando de lado. Ele virou assaltante de navios no oceano Índico e acabou enforcado. Se bem que o Kidd morreu por uma outra coisa que pouco tinha a ver com a pirataria. O sujeito estava baseado em Nova York e virou pirata estatal com a missão de atacar os franceses. Acontece que aquilo estava rendendo pouco para o bolso da tripulação do seu navio que, revoltada, convenceu William a piratear mais abertamente, a atacar qualquer navio. Num dia bobo, porém, o capitão se meteu numa briga com um de seus subordinados e, lá pelas tantas, sentou um balde de madeira na cabeça do homem até que ele estivesse mais morto que um fantasma. E foi por conta disso que Kidd foi parar na forca.

Em Londres, havia a Doca da Execução, onde os piratas capturados eram afogados. Mais tarde eles mudaram de idéia e passaram a chicotear, fazer marca com ferro quente de P de pirata e também a enforcar os meliantes. Um dos que foi parar ali foi o capitão Kidd que, azarado como ele só, teve a corda arrebentada na primeira tentativa de enforcamento. Por isso, passou por toda agonia de novo. Só que dessa vez, o troço funcionou e ele morreu. Os caras passaram, então, alcatrão no corpo do seu Kidd e depois o dependuraram com correntes na beira do rio Tâmisa. Por anos aquele corpo ficou ali, balançando ao vento, à mostra para todo mundo.

E a coisa ficou preta para o Barba Negra

O nome desse pirata inglês era Edward Teach, mas ele entrou para os livros de história com o famoso apelido Barba Negra, que veio não só da cor da dita-cuja, mas também da enorme quantidade de pêlo escuro que cobria seu rosto. Enfim, o cara era peludão. E se isso já não fosse bastante estranho entre os branquelos de descendência inglesa, ainda havia o detalhe do penteado do cara, que fazia questão de enrolar as pontas, como se fizesse um rabinho de porco com um punhado de fios que ele depois chuchava bem detrás das orelhas. Feio? Que nada! Ainda não acabei de descrever os efeitos especiais que o sujeito bolou.

Ele metia umas cordas debaixo do chapéu. Na hora de um confronto, botava fogo naquela corda que queimava devagar, mas fazendo fumaça adoidado. Tudo isso, mais um olhar ameaçador e quem é que não viraria geléia na frente do monstro?

Mas além de ser mais feio que cão chupando manga, o seu Barba também era malandraço, sangue ruim. Ele "trabalhava" com uma equipe básica de uns quatro ou cinco navios e gostava de atuar na costa das Carolinas, a Carolina do Sul e a Carolina do Norte, que são dois estados norte-americanos. Dizem que certa vez ele atacou, em poucos dias, cinco navios na praia de Charleston, cidade que fica em área carolínea. Por causa disso, os navios mercantes se recusaram a sair do porto e por dias ficou tudo empacado, sem comércio, sem viagem; tudo por conta da paúra.

Existe a suspeita de que ele nunca foi parar atrás das grades porque pagava propina para as autoridades. Aliás, esse bandido adorava casar. Ele se casou umas 14 vezes. E um desses vários casamentos foi celebrado pelo próprio governador das duas Carolas, Charles Éden.

De todo modo, com o Barba Negra aconteceu o que sempre acontece com a vida na bandidagem: um dia, a casa caiu. Os fazendeiros e comerciantes da região foram ficando cheios até a tampa de perder dinheiro para aquele piratonildo. E como eles sacaram muito bem como era corrupto o governador Charles Eden, trataram de pedir ajuda para o governador de um estado vizinho, Alexander Spotswood, da Virgínia.

Seu Spotswood ofereceu uma grana graúda para quem capturasse o bandido e trouxesse a cabeça dele como prova do feito. Robert Maynard topou a parada e saiu para o mar para caçar o piratão famoso. Lá pelas tantas, eles se encontraram nas águas da região e entraram em combate pessoal, mano a mano. Como já dá para imaginar, o Barba perdeu feio e acabou muitíssimo morto: os caçadores deram cinco tiros nele e mais umas vinte facadas. Além disso, cortaram a cabeça do sujeito e a prenderam no mastro do navio. Depois, quando chegaram à terra firme, aquele troféu macabro foi parar, então, numa estaca no meio da cidade de Bath. Ou seja: mais morto? Impossível.

Quando o Barba Negra morreu, a turma que por ali morava celebrou. Mas, na verdade, não havia muito o que comemorar porque, apesar de não haver, é claro, um IBGE para fazer o censo, a estimativa é de que uns 1.500 a 2.000 piratas atuavam naquela zona do agrião. E isso era bandido demais da conta pra população do lugar.

No entanto, é bom saber que, na ponta do lápis, a vida do Barba Negra foi um fracasso completo. Sua carreira na pirataria não durou mais do que dois anos. Nesse tempo, ele pilhou cerca de vinte navios, mas nenhum deles tinha assim um baita de um carregamento especial que tivesse dado conta de deixar o Barba rico. O que o pixilingue tinha mesmo para dar e vender era fama de mau. E nada mais do que isso.

O gancho da fama do Barba

S*ir* James Matthew Barrie (1860–1937) era um jornalista escocês que primeiro se deu bem escrevendo peças de teatro. A sua ultrafamosa história de Peter Pan, por exemplo, nasceu para os palcos e com o título de "Peter e Wendy", em 1904. O livro só foi publicado alguns anos depois e o primeiro filme sobre a história foi feito em 1924.

No filme *Hook – A volta de capitão Gancho*, Peter Pan está crescido e virou um advogado ganancioso. Casado com a neta de Wendy, Peter vai enfrentar o retorno do capitão Gancho que seqüestra seus filhos do herói. Aliás, o capitão anda num tédio só desde que Peter decidiu virar gente grande. O malévolo sente que não há inimigo à altura e mesmo o malacafento crocodilo que o perseguia, nessa versão aqui, foi morto pelo próprio capetinha, digo, capitão. O filme é interessante, mas nunca fez um sucesso daqueles, apesar de ser obra de Steven Spielberg e ter um elenco salpicado de estrelas. Nesse sentido, se você gosta do personagem do Gancho, vale mais a pena ver os filmes do Shrek, porque vira-e-mexe o malvado enganchado faz pontas nas tramas.

No livro original, Peter Pan decepou a mão direita do capitão (é, no desenho da Disney, a mão que vira gancho é a esquerda) e aconteceu de um crocodilo estar ali de bobeira e ter engolido aquele mãozão com gosto. Daí, o que rolou foi que o croco se apaixonou pelo capitão Gancho: o bicho quer porque quer traçar o cara todo. Por isso, o crocodilo segue o pirata por onde quer que ele vá. Sempre à espreita, à espera de uma chancezinha de papar, quem sabe, pelo menos a outra mão do gostoso. Aliás, só não faltam outras partes no corpanzil do capitão porque o mesmo bicho engoliu também um relógio que faz um baita de um tique-taque alto, barulhento mesmo. Pois essa sonzeira funciona como um alarme, e deixa o Gancho esperto pra burro, sempre pronto pra escapar do apetite obcecado do réptil. Mas é como um dos homens do próprio capitão diz: "Um dia, a corda do relógio acaba!".

De todo modo, o fato é que ali, no original, o Gancho não tinha muito de engraçado ou ridículo. O autor diz que ele tratava seus homens como cães. E que, em contrapartida, os homens o obedeciam, como

PARA O CARO LEITOR JÁ USUÁRIO DE LENTES BIFOCAIS

Você, só você, há de se lembrar do desenho animado que passava na TV brasileira na década de 1970 chamado *Brasinhas do espaço* e que ali havia também um capitão Gancho malvado que passeava pela galáxia afora sempre acompanhado do seu ajudante, o Estática, em perseguição aos Brasinhas. Lembrou, velhinho?

cães. Diz ainda que ele era feio feito caveira e que tinha cabelo enrolado e negro, com os cachos de longe parecendo velas acesas – viu só como bate com a descrição do brabo do Barba Negra? Tinha também olhos azuis e tristes que ficavam avermelhados quando ele tinha a chance de meter seu gancho de ferro em alguém. Ah, e ele ainda havia bolado uma piteira que dava conta de abrigar dois charutos de uma só vez...

Bom, um belo dia, ninguém menos que Walt Disney assistiu à peça e adorou. Depois, para aumentar seu interesse pela coisa, ele ainda viu o filme mudo de 1924. Daí, Disney tentou comprar os direitos para fazer daquele enredo um desenho animado. Só conseguiu em 1939 e, mesmo assim, teve problemas. O estúdio mal havia começado os trabalhos e eles precisaram dar um tempo, porque a Segunda Guerra havia estourado. Com tudo isso, o desenho só foi lançado em 1953.

Os chineses e seus vizinhos

Os piratas do frango xadrez

Diz um velho provérbio chinês que não importa o tamanho da montanha, o fato é que ela não pode tapar o sol. Pois essa história de não dar em nada a gente lutar contra o inevitável lembra muito como eram as coisas no mar que banha a China entre os séculos VII e IX, quando a pirataria era que nem o sol do provérbio: inevitável.

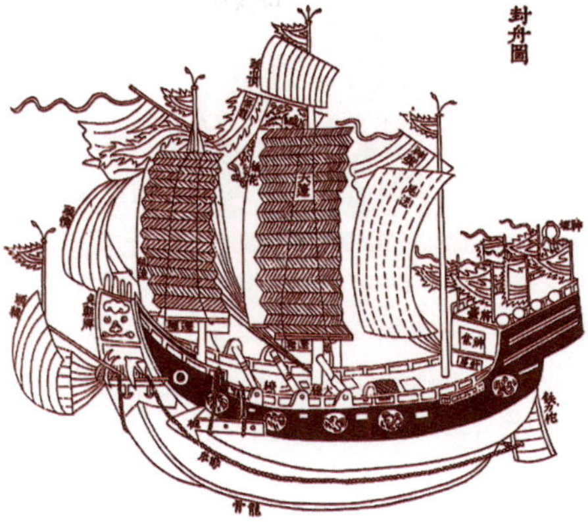

Dentre os bandidos de lá, ninguém ficou mais famoso do que o católico Ching Chi-ling. Por vinte anos, esse cara comandou uma frota do mal de mais de cem veleiros. Mas chegou o dia em que a maré virou e Ching passou 15 anos no xilindró até ser executado em 1661. Só que esse não foi o fim da história, porque o filho dele assumiu os negócios do papi. Bom, assumiu, mas por apenas dois anos, porque o vento mudou mais uma vez e Kuo Hsing Yeh defuntou, empacotou, morreu. E aí aquele império de ladrões se esfacelou em pequenos grupos que continuaram ativos na ladronagem, mas já sem aquele poder de fogo dantes.

JUNTOS NO JUNCO

Junco é o nome do típico barco chinês que era usado pelos piratas de lá. As velas dessas embarcações não eram feitas de tecido, mas de um monte de bambu fininho, um amarrado ao outro. Além disso, havia um hábito muito diferente entre as tripulações de juncos que era o capitão levar para as viagens a esposa e os filhos.

Um pira-reinado

No começo dos anos 1900, a chinesinha Lai Sha-san era uma maleva tão famosa naquelas bandas do planeta que até ganhou o apelido de Rainha dos piratas de Macau. Dona Lai caiu na onda da pirataria porque o pai dela era do ramo e acabou deixando pra moça nada menos do que sete barcos do mal – que ela fez virar 12 com o seu talento natural para a coisa.

Aliás, ela não era uma bandida qualquer, mas uma pirata-estatal, comissionada pelo governo de Macau para trazer certa calmaria às conturbadas águas da região. É que por ali a pesca era importante para a economia. Então dona Lai passou a cobrar uma espécie de pedágio de proteção. Quem pagasse ficava livre de ataques e seqüestros. Quem não pagasse, estava mais frito que peixe de barraca de praia.

Mas Lai não está sozinha no rol de mulheres piratas dos mares do Sul da China e nem ao menos é a mais famosa delas, porque ninguém jamais superou a dona Ching.

Ela era viúva de um salteador, que deu de morrer no meio de uma tempestade. Pois diante de tal adversidade, a esposa assumiu o posto e mandou ver à frente de mais de mil pequenas embarcações e ainda oitocentos juncos manobrados por nada menos que oitenta mil pessoas, entre machos e fêmeas. Era a dona Ching Shih, tão sangue quente que dava até prêmios especiais para os membros de sua gangue que voltassem dos ataques com cabeça de gente dependurada feito um colar horrível no pescoço.

Essa dona Ching Shih também era conhecida pelo nome de Chang Sao, que quer dizer "mulher do irmão mais velho Chang". Dizem que ela era prostituta antes de se casar com o Chang I, em 1801, o que talvez explique o fato de ela ter virado dona de bordel depois que conseguiu o perdão do imperador e se aposentou da pirataria.

PONTO MAIS OU MENOS FINAL

A pirataria meio que murchou nos mares do Sul da China na metade do século XV por conta de um misto da pressão exercida pelos europeus que navegavam naquelas bandas, mais o esforço dos imperadores chineses da época.

Pois é, pelo menos por um século e meio, os piratas chineses deram muita dor de cabeça nas águas da Ásia. Mas havia uma diferença: eles quase não tinham armas de fogo. Em geral, atacavam usando facas e espadas e uma espécie de zarabatana que atirava flechas envenenadas.

Um pouco de sushi e saquê

No fim do século XIV, os piratas japoneses ficaram famosos entre coreanos e chineses com o nome de *wakô*. Esses piratas *made in Japan* torraram a paciência e espalharam medo por terras vizinhas, até que Toyotomi Hideyoshi unificou o país em 1590. Quando os *wakô* chegavam junto a outros navios com suas frotas de até quinhentas embarcações, eles matavam qualquer um que esboçasse o menor sinal de resistência, depois saqueavam tudo de todo mundo, metiam fogo nas casas e seqüestravam pessoas.

E tem pirata com *curry* também

Os *gujeratis* eram piratas que atuavam na costa da Índia. Eles sabiam que muita gente engolia anéis de ouro e pedras preciosas na tentativa de salvar suas riquezas das mãos dos bandidos. Em função disso, eles davam a suas vítimas um suquinho infame feito de tamarindo com água do mar. Aquilo dava diarréia e vômito, de modo que os *gujeratis* inspecionavam aquele produto interno pouco bruto para ver se achavam riquezas sólidas boiando por lá.

Quando o Reino Unido meteu seu nariz na Índia, foi logo formando uma companhia para fazer negocinho por lá. Era a British East India Company que ia e vinha cortando as águas dos oceanos Pacífico e Índico com seu próprio exército a bordo. O problema é que os donos do pedaço, na costa de Malabar, região de Bombai, eram os Marathas. Pois esses caras achavam que o Reino Unido não tinha nada que fazer naquelas bandas e por isso atacavam os navios dos britânicos a torto e a direito. Isso rolou mais ou menos por meio século, até que, em 1756, eles foram vencidos de uma vez por todas.

Aquela esquina do planeta viveu dias dos mais conturbados com vários países europeus que tentavam ficar com um naco da região. Os portugueses tomaram Goa, no Sul da Índia, enquanto franceses e britânicos se estapeavam pelo controle do restante. Os holandeses, por sua vez, saíram correndo por fora, sentando acampamento em ilhas da região. E como todos se desentendiam, eles autorizavam piratas a roubarem em nome de suas nações, de modo que aquele pedaço do mapa virou um deus-nos-acuda.

Ataques de piratas no Brasil

A invasão da nossa praia

Antes mesmo de existirem as cidades do litoral, os piratas já faziam farra aqui na terra *brasilis*. Eles vinham roubar cargas de pau-brasil, de pimenta, de algodão, de raízes, de plumas e vinham também, às vezes, tentar pegar índio para fazer de escravo. Nessa fase era um roubo de ladrão qualquer, sem nada sistemático.

Mas aí veio a época em que os governos europeus começaram a botar suas manguinhas pirateiras de fora e a mandar seus bandidos-estatais vir cá na nossa costa, para encher a nossa paçoca. Esses piratas já vinham atrás de ouro e prata. Ou mesmo de enfeites e coisas artísticas feitos desses metais e que eles pudessem derreter. Eles também passaram a cobrar pedágio: ameaçavam atacar se não recebessem uma grana. Ah, e muitas vezes gostavam também de roubar comida. Para encher a própria pança ou passar nos cobres mais adiante.

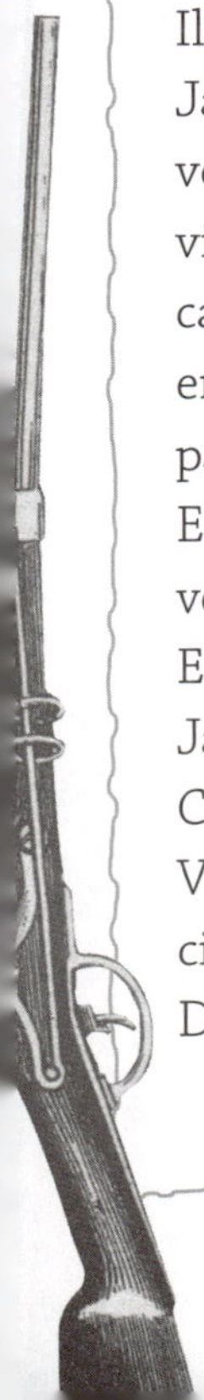

Recife, Salvador, Santos, São Vicente, Ilhabela, Vitória e a cidade do Rio de Janeiro perderam as contas de quantas vezes foram atacadas por piratas que vinham, saqueavam tudo, destruíam casas, igrejas, engenhos, tacavam fogo em documentos históricos e deixavam para trás uma população apavorada. Eles receberam a visita nada amigável de figurões da bandidagem, como Edward Fenton, Thomas Cavendish, James Lancaster, Robert Withrington, Cristopher Lister, Pieter Heyn, Joris Van Spielbergen, Oliver Van Noort, Francisco Duclerc, Dugay-Trouin, Leynssen e De La Touche.

A cidade de São Sebastião nasceu da necessidade de as pessoas se protegerem um cadinho mais dos meliantes que toda hora paravam em Ilhabela, nem que fosse só para pegar água e comida. Aliás, muita gente acredita que existam tesouros enterrados na ilha, em especial, na praia de Castelhanos.

O PCC de então

Quem imagina que medo de bandido é coisa dos tempos atuais está quadrada, retângula e redondamente enganado. Na época em que a gente era colônia dos portugas, as pessoas viviam assustadaças com a possibilidade de ataques de tribos indígenas, rebeliões de escravos e ainda ataques de piratas ou mesmo invasões de inimigos externos.

BRASILAÇU

No século XVI, Recife era uma cidade rica e, por isso, os piratas viviam de olho gordo pra cima daquelas paragens. Mas o registro que deu para achar foi mesmo o do ataque de James Lancaster que durou 34 dias no ano de 1595. Sabe o que os velhacos roubaram? Jóias, prataria, 15 navios, as alfaias (que são os paramentos usados na missa) da Igreja de Corpo Santo e ainda brasilaçu (que é outro nome dado à árvore pau-brasil!).

Por conta desse terror, a frota de Gonçalo Coelho, que veio em 1502 para dar uma primeira boa explorada no novo território, saiu de cara construindo um fortezinho nas costas do Rio de Janeiro. Depois, em 1548, quando os portugueses mandaram pra cá o primeiro governador do Brasil, Tomé de Souza veio com ordens do rei para que, de prima, construísse uma fortaleza onde é hoje a cidade de Salvador. A ordem real também dizia que cada dono de engenho de açúcar tinha que erguer uma casa-forte ou uma torre fortificada.

Batalha da grinalda

Hoje em dia, a gente comemora quando uma mulher consegue chegar ao posto de governadora ou prefeita e ainda sonha com o dia em que teremos uma mulher na presidência. Mas a verdade é que no comecinho da história do país já tínhamos dona Luísa Grinalda, uma italiana que veio pra cá a tiracolo do maridão, Vasco.

A coroa portuguesa tinha dado para o pai de Vasco Fernandes Coutinho uma capitania só para ele, a do Espírito Santo. Quando o pai quicou para o andar de cima, Vasco ficou com a terra. Do mesmo modo, quando o próprio Vasco defuntou, foi a mulher dele, a dona Grinalda, quem assumiu então os comandos daquele troço. Aí ela teve o baita azar de ter que

Dona Lu não foi a única mulher daqueles tempos a virar chefona. Antes dela, tivemos a Leonor Teles, em São Paulo, e a dona Brites, em Pernambuco.

enfrentar um ataque do piratão inglês Thomas Canvedish (detalhes de outras empreitadas do malaco Thomas você encontra na página 118). Mas dona Grinalda liderou a resistência e botou o Thomazinho pra correr. Mesmo assim, ela foi embora pra Portugal um ano depois.

Tiro & flechada

Dona Grinalda mandou construir, a toque de caixa, duas trincheiras bem escondidas no meio do mato e das pedras para defender o que é hoje a capital do estado, a cidade de Vitória. Ao mesmo tempo, mandou o restante do mulherio fugir junto com a criançada. Depois, os soldados e homens da cidade, com a ajuda dos índios Goitacazes, ficaram ali, de botuca, prontos para sair no tapa.

Os piratas vieram em cinco navios. Mas o primeiro deles encalhou logo na entrada, na ilha do Boi. Mesmo assim, os bandidos se ajeitaram para mandar barcos cheios de gente pra terra, mas se fulminaram: foram recebidos com uma saraivada de tiros e flechas. Então, os invasores recuaram. Depois tentaram de novo e de novo chegar em terra firme. Mas tiveram sempre a mesma recepção a bala e flecha. Até que os malvados desistiram de vez e foram encher o saco de outra freguesia.

O ataque do time holandês

A mesma vila, em 1625, teve de agüentar o ataque de um corsário holandês chamado Pieter Heyn, que assim, de supetão, desembarcou ali para levar chumbo. A peleja durou bem uma semana, mas no fim os caras não tiveram sucesso algum. E quando foram embora, o navio estava mais leve, porque pelo menos 38 dos seus bandidos morreram naquela batalha. Isso sem falar nos feridos...

É pau, é pedra, é água fervente, é o fim do caminho

Houve momentos, porém, em que os batavos pareciam levar a melhor. Eles só não contavam era com a valentia de uma moça chamada Maria Ortiz. Ah, ela devia ser mesmo esquentada, viu, porque quando os piratinhas iam subindo a ladeira onde ela morava, bem nessa hora, a Maria foi pra janela do sobrado e, criativa que ela só, despejou sobre os bandidos vários tachos de água que ela havia colocado pra ferver. E, como se não bastasse, ainda meteu fogo numas tralhas e jogou tudo de lá de cima.

Aquilo funcionou que foi uma beleza. Os vizinhos, no maior ataque de imitação da história, começaram a jogar de tudo em cima dos meliantes: pau, pedra, carvão em brasa e mais e mais água pelante. E foi por conta disso que, em 1889, o nome da ladeira do pelourinho, em Vitória (ES), virou Ladeira Maria Ortiz. Hoje, aquilo já não é uma subida qualquer, mas uma escadaria que liga a parte baixa da cidade à parte alta, mas o nome em homenagem à dona valente continua: Ladeira Maria Ortiz – que, na verdade, é uma escadaria.

Chuva salva cidade

Foi um temporal que livrou a cara dos baianos em 21 de abril de 1587. O pé d'água foi tão brabo que os piratas que estavam prestes a invadir Salvador simplesmente não deram conta de desembarcar.

E quando São Pedro deu uma trégua, aí foi a vez de os moradores, mais uma vez com a mão dos índios flecheiros, botar os piratas comandados por Lister e Withrington para pular miudinho e se mandar daquelas águas. Bom, mas essa peleja não foi fácil. Os piratas eram teimosos que nem você quando quer uma coisa e sua mãe diz não e você insiste e insiste. Pois é, eles teimaram e tentaram e tentaram entrar no Recôncavo Baiano por dois meses. Bom, parece que o desconfiômetro deles estava pra lá de quebrado. Mas um dia, enfim, desistiram e foram embora.

Depois da tempestade... vem nova atacança

Uns 11 anos depois, a região da tal baianidade nagô sofreu outra investida pirateira. Desta vez foi bem no Natal, com aquele calandu durando 55 dias. Sob os comandos do almirante Leynssen, os pixilingues holandeses afundaram e queimaram navios dos portugueses que estavam no porto e ainda pilharam engenhos, esbandalharam alambiques e sentaram fogo em casas de vários pontos da região. Foi por isso que as autoridades locais decidiram construir fortes no morro de São Paulo, de Santa Maria e de São Diogo e ainda acabar de uma vez por todas com as obras da fortaleza de Santo Antônio. Se bem que, em 1612, quando os corsários franceses de De La Touche vieram bater naquelas costas, o que deu cabo deles não foi forte algum, mas o capitão Baltazar de Araújo e Sousa que, com seu navio, fez os invasores darem marcha a ré e sumir.

Passando o chapéu

Em maio de 1624 foram os holandeses que chegaram com tudo à Bahia e, dessa vez, com sucesso. Desembarcaram primeiro uns 1.250 homens que já foram logo fazendo a limpa sem que o povo local esboçasse qualquer reação. Os bandidos passaram a mão em tudo quanto era coisa que tivesse valor, pegaram todas as jóias e mercadorias e também um mundaréu de moedas de prata. Aliás, dizem que havia tanta moeda, mas tanta moeda, que eles estavam dividindo o troço sem fazer muita conta. Enchiam o oco do chapéu e pronto: estava ali a parte daquele sujeito.

Além disso, eles colocaram o governador atrás das grades e o bispo só não foi parar lá porque havia tratado de fugir antes. Na ausência do bispo, as igrejas foram depredadas e passaram a servir aos invasores como depósito, celeiro, adega ou paiol. E isso tudo levou tempo, porque os portugueses só conseguiram colocar os invasores para fora quase um ano depois, com a chegada de imenso reforço.

Mesmo após essa expulsão, os holandeses não sossegaram. Três anos mais tarde, eles voltaram à carga, aprisionando 25 navios no porto, roubando deles toda a carga e ficando ali por um mês, apavorando as pessoas. Depois, em abril de 1640, eles vieram de novo com tudo, dessa vez como vingança pela tentativa dos portugas de expulsá-los de Pernambuco. Os homens desceram ali e tacaram fogo, destruindo completamente 27 engenhos e algumas casas.

Em 1647, quando eles vieram atazanar uma vez mais, tomaram a ilha de Itaparica que fica bem diante da cidade de Salvador. E só depois que Portugal mandou reforços é que os danados saíram de lá. E, mesmo assim, saíram dispostos a voltar: em 1654, outros holandeses vieram e dessa vez ficaram ali disparando seus canhões contra a cidade por quarenta dias. Depois mandaram um emissário dizer que eles topavam parar de dar tiro e ir embora se a cidade desse uma grana pra eles. Mas o governador da Bahia, Diogo Botelho, se recusou a pagar e acabou vencendo os bandidos pelo cansaço.

O caso do pirata assassinado

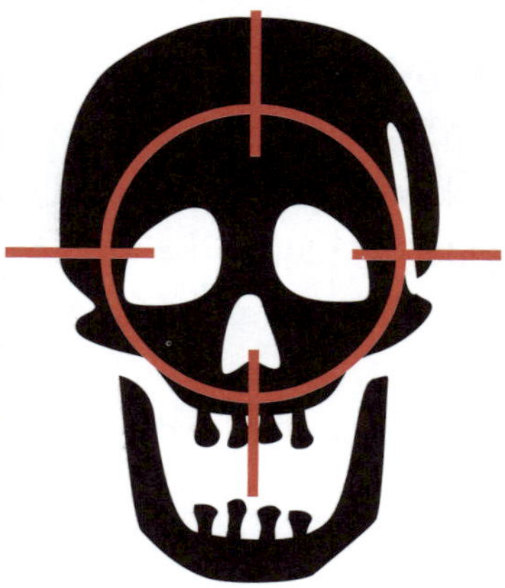

Mistério, ataques, pilhagens, sentimentos passionais, túneis misteriosos, homens encapuzados... Quem matou o pirata Duclerc no Rio de Janeiro?

O Rio de Janeiro era a porta de saída do ouro mineiro que dali ia mar acima encher os cofres portugueses. Por isso, o lugar era meio que um ímã para ataque de bandido. Dizem que esse foi o caso da vinda do francês

VEJA A CORNOLOGIA, DIGO, A CRONOLOGIA DOS FATOS:

- **11 de agosto de 1710:** tentaram entrar no Rio, mas foram repelidos.
- **16 de agosto:** tentaram de novo, à noite. Nada.
- **17 de agosto:** fogem, depois de trocar tiros com a Fortaleza de Santa Cruz.
- **27 de agosto:** chegam à Ilha Grande.
- **11 de setembro:** desembarcam em Guaratiba e seguem a pé para o Rio.
- **18 de setembro:** 1.050 homens chegam à Barra da Tijuca e Jacarepaguá.
- **19 de setembro:** a batalha começa na atual Praça 15.
- **21 de setembro:** os navios de Duclerc se entregam por ordem dele.
- **18 de março de 1711:** Duclerc é assassinado.

O MISTÉRIO DA CASA DA MORTE

A primeira coisa estranha é o fato de o prisioneiro Duclerc estar numa casa, em vez de estar num lugar com pinta de prisão. De todo modo, o que dizem é que a tal morada era das mais seguras. Mas há também quem jure que aquele endereço tinha passagem secreta para uma série de túneis feitos e usados pelos jesuítas. Bom, isso acrescenta uma pitada extra de emoção a esse enredo, né? No entanto, há um problema: até hoje não surgiu ainda prova arqueológica da existência desses túneis.

Francisco Duclerc em 1710. Só que ele não contava que seria tão difícil colocar o pé na cidade.

Insistente, porém, o moço era. Depois de tentar várias vezes, fingiu que ia embora quando na verdade só fez mesmo uma curva para despistar a tchurma e voltar então a atacar pelo outro lado. Foi assim que Duclerc foi parar em Guaratiba, pra depois seguir a pé, marchando por sete dias, até a vila que hoje é a capital carioca.

Esses fulanos deram ainda uma parada no Engenho Velho dos jesuítas para recuperar o fôlego e depois partiram para o ataque. Mas tiveram pouca sorte e acabaram vencidos no mano a mano, com Duclerc, o capitão, sendo preso. E aí é que a coisa dá uma guinada....

É que o chefe dos inimigos primeiro ficou trancafiado num colégio, depois num forte e, finalmente, na casa de um tenente. Foi nesta casa que o tal Duclerc foi assassinado por quatro homens encapuzados, numa noite de março de 1711. Por quê? Ah, dizem as más línguas que o problema foi rabo-de-saia. Duclerc teria arrumado um cacho com uma mulher casada. O marido corno teria sido então o mandante do crime.

O efeito rebote

De todo modo, o pior ainda estava por vir porque, quando a notícia da morte de Duclerc quicou lá na França, os amigos do morto resolveram vir pra cá para vingar aquele homicídio. E foi assim que, uns seis meses depois do crime, num dia cheio de nevoeiro, uma nova leva de invasores franceses desceu com tudo no Rio. Aliás, uma das mais sangrentas batalhas com os forasteiros rolou entre as ruas do Mata-Cavalos (hoje, Riachuelo) e a do Mata-Porcos (hoje, Frei Caneca).

INFELIZ SUCESSO

Uma cartinha que o governador do Rio de Janeiro, Francisco de Castro, mandou para sua chefia no final de 1711, explica como eles conseguiram recuperar a cidade depois que o remetente teve o que ele mesmo chamou de "infeliz sucesso" de ver o Rio invadido por Duguay. Na carta, o autor avisa que teve que "resgatar a cidade por dinheiro". Pois é, a cidade toda foi refém e as autoridades tiveram de pagar resgate.

Pois aquele saque rendeu bem: os vingadores levaram ouro, açúcar e outras cargas que estavam no porto; e tudo quanto é enfeite das igrejas; limparam (no mau sentido!) as casas das pessoas e, pra completar, ainda sacanearam, ateando fogo em documentos e arquivos, ou simplesmente os bagunçando. Isso tudo fora o resgate que, pra ir embora, o líder dos vingadores, René Duguay-Trouin, exigiu.

Resgate estilo Casas Bahia

No final das contas, o Rio entregou para René mais de 615.000 cruzados (que era a moeda que rolava no Brasil na época). O pirata ficou na casa número 89 da rua da Quitanda, bem esquina com a antiga rua do Sabão, contando moeda por moeda. Se bem que ele não teve que contar a bufunfa toda de uma vez, porque a verdade é que os pagadores precisaram quitar aquela coisa em prestações, porque a soma pedida era muuuuuuito dindim.

Os cariocas assinaram um acordo com o bandido dizendo que pagariam aquela grana e ainda dariam duzentas caixas de açúcar e duzentos bois em outubro, mas eles só conseguiram pagar aquele resgatão todo em novembro. E mesmo assim porque cataram tudo quanto era dinheirinho: rasparam o fundo do tacho da Casa da Moeda, limparam os cofres da Fazenda, passaram o chapéu entre os particulares e bateram na porta dos religiosos até conseguirem o total. E foi assim que, no dia 13 de novembro, os franceses disseram *au revoir* para o Rio de Janeiro.

Entrevista exclusiva

Qual o seu nome completo?
René Dugay-Trouin

Quando você virou corsário?
Aos 18 anos.

Quem você mais gostava de atacar?
Ah, com certeza, os britânicos. E por causa disso recebi várias vezes comendas e prêmios de *mon* governo *français*.

Quando virou capitão?
Em 1705.

Qual a sua memória inesquecível?
O dia em que tomei de assalto o Rio de Janeiro, em 1711. Foi *trés* legal!

Com quantos navios você se mandou para o Brasil?
Dezessete.

No total, quantos homens vieram com você?
Éramos eu e mais 5.400 homens.

O que você acha do Johnny Depp fazendo papel de pirata no cinema?
Pardon, mon ami, mas eu não vi e não gostei!!

Ficha corrida

Capturou mais de trezentas embarcações de comércio e cerca de vinte navios de guerra de potências européias em 23 anos de carreira.

O fim da fama de Thomas

O inglês Thomas Cavendish saiu de Plymouth, Inglaterra, com 123 homens e foi primeiro para Cabo Verde, na África. Dali resolveu dar uma guinada e veio bater em Cabo Frio, no Rio de Janeiro, para seguir pilhando a nossa costa e virar lá na ponta rumo à Patagônia antes de voltar para casa, dois anos e cinqüenta dias depois. E você acha que ele descansou depois disso? Que nada! Cheio de capilé e prestígio, ele zarpou outra vez, e com mais homens ainda, em 1591.

Cavendish, nesta segunda expedição, teria utilizado a ilha de São Sebastião como base durante quatro meses, aproveitando para pilhar Santos no Natal e atear fogo na vila de São Vicente. Foi aí que ele se danou. Depois de roubar, atormentar, apoquentar até o talo, rolou um motim dos piores na hora de dividir o butim. Dizem, então, que a tripulação enforcou o chefe famoso no mastro de um dos navios, bem ali na praia de Castelhanos, em Ilhabela (mais sobre Cavendish e o ataque de Natal na página 120.)

Santa ladronagem em Santos!

Foi de manhã, no dia 16 de dezembro de 1583, que o pirata inglês Edward Fenton pintou em Santos com pelo menos dois navios bem armados, além de uns duzentos homens a bordo. Ele chegou na mansa, dizendo que vinha só dar um tapa no casco dos navios, que estavam mesmo visivelmente danados.

Ed foi logo procurar um ferreiro inglês que morava ali. Um tal de John Withall e que era genro do homem mais rico da *village*: José Adorno. Sabe-se lá como, John levou o sogrão para dentro do navio do metralha para fazer negócios, como se Fenton fosse homem honesto e trabalhador.

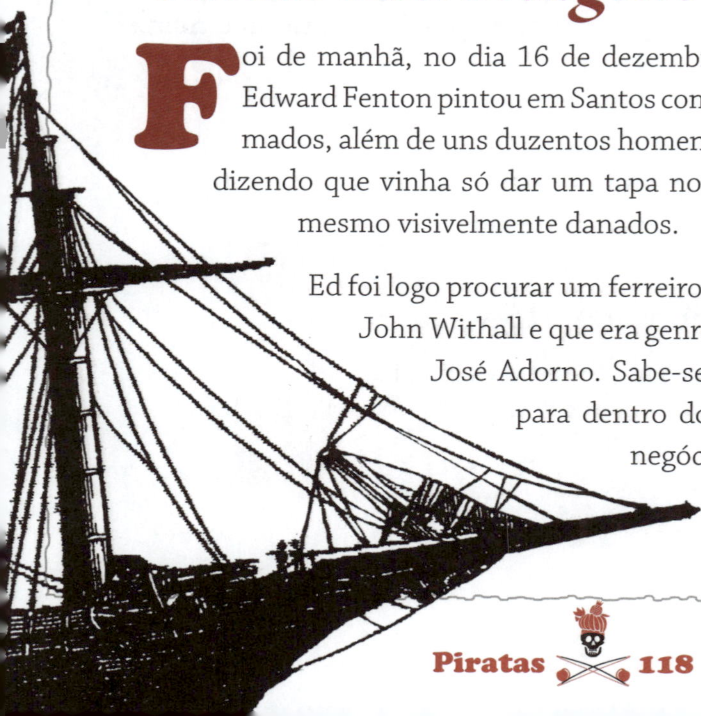

O GENRO INGLÊS

John Withall levava a vida na banda do mal. Ele era pirata do navio *Minion*, que veio parar em Santos em 1581 não para roubo, mas para fazer negocinhos. John foi então convidado a ficar de hóspede na fazenda do rico José Adorno. O estrangeiro logo virou amigo do peito, gerente, sócio e, dali um pouco, até casou com a filha única do enricado homem.

Mas, de repente, o caldo entornou. Os santistas inventaram que Ed Fenton precisava se encontrar com o governador, para que ele autorizasse a feitura de negócios com o inglês. O bandido não deu na pinta, mas ficou fulo da vida. Fenton ficou na moita e convidou John e Adorno para filar a bóia no seu navio naquela noite. Só que, enquanto os convidados mastigavam, Ed saiu da sala e foi consultar seu bando, porque estava na dúvida se fazia os convidados prisioneiros ou não. Todo mundo disse que ia ser a maior pisada no tomate prender aqueles caras ali. E foi assim que Fenton desistiu da idéia e até mandou presentinhos para eles no dia seguinte – ops, presentes que, o inglês registrou, foram devolvidos, num caso raro de não aceitar suborno na história desse nosso castigado país, hein?

O problema é que um navio que eles haviam roubado antes, mas deixado inteiro e em liberdade, havia aportado sei lá onde e contado tudinho sobre aqueles safados. Ah, rapazes e moças, aquele mujimbo navegou rapidinho. E com a fofoca vieram os espanhóis em navios poderosos e bem armados tomar satisfação.

E foi assim que Ed e os espanhóis passaram aquela noite entre tapas e tiros, com os caras de Espanha conseguindo confiscar um navio de Fenton que, no entanto, deu conta de dar no pira.

Por causa dessa passagem, as autoridades resolveram construir uma fortaleza, a da Barra Grande (Santo Amaro), que no começo, inclusive, usava os canhões retirados do navio de Fenton que haviam ficado pra trás.

Quem disse que um raio não cai duas vezes no mesmo lugar?

Entre 1588 a 1591, Thomas Cavendish, ladrão britânico, veio dar nas costas de Santos por duas vezes. E numa delas, o negócio ficou bravo.

Na primeira incursão, ainda no meio do caminho para o seu alvo, ele fez uma parada estratégica em Cabo Frio, Rio de Janeiro. Ali, Thomas capturou um navio portuga, levando consigo o comandante derrotado, Gaspar Jorge, que ficou trabalhando para o meliante de graça como piloto até o ataque a Santos bem na noite de 25 de dezembro de 1588, quando o pessoal do lugar estava reunido numa missa na igreja Matriz.

Pois os bandoleiros foram chegando e cercando logo a igreja, prendendo todo mundo que era importante na cidade, como o Braz Cubas, o José Adorno e o Jerônimo Leitão, tornado-os reféns. Dali, eles saíram destruindo tudo que viam pela frente, catando jóias, ouro e alimentos, enquanto quem podia fugia que nem louco pra fora da área urbana.

No dia seguinte, outros duzentos homens de Thomas desembarcaram e aí foi a vez de tacar fogo nos navios que estavam no porto e também nos engenhos próximos e até do povoado vizinho. E isso durou um tempo: eles passaram dois meses ali naquela roubalheira, até que se deram por satisfeitos e picaram a mula.

Só que, para além daquela área, eles acabaram encontrando um mau tempo danado e, então, resolveram dar meia volta e volver para casa. Mas o estado do bando era lastimável. A moçada estava com fome e cansada. Além disso, a frota se dispersou, e foi assim que Cavendish bateu de novo na área de Santos de onde ele mandou um barquinho com uns trinta homens ver quais eram as chances de um ataque/desembarque. Dias depois, um só sujeito voltou naquele bote, acompanhado de um pouco de comida, e avisando que era melhor todo mundo pirulitar dali que os portugueses e os índios tinham acabado com a turma do barquinho e que eles prometiam dessa vez se vingar de Cavendish.

Diante da situação, o piratão britânico deu ouvidos ao português que ele havia capturado tempos atrás em Cabo Frio e que lhe dizia que o melhor a fazer era navegar até o Espírito Santo. Então, eles partiram para Vitória. Acontece que por lá o mar estava raso demais e Cavendish entendeu aquilo como uma armadilha do prisioneiro português. Mas já que estavam por ali, os bandidos resolveram atacar. Oitenta homens desceram e se lascaram porque foram surrados pela população de Vitória. Menos da metade voltou para o navio. E mesmo assim, todos os sobreviventes estavam feridos. Bem feridos.

Então, com o rabo entre as pernas, Cavendish seguiu viagem, doente e triste com a maré de azar. E nunca chegou em casa: morreu no meio do caminho.

Um "causo" de Floripa

Os primeirões a sentar praça onde hoje fica Florianópolis não queriam mais saber de continuar viajando nas expedições marítimas em que trabalhavam. Mas quem entrou mesmo para os livros de história como o fundador do povoado foi o bandeirante Francisco Dias Velho. Ele baixou na paradinha vindo de Santos, em 1675. E trazia de lambuja a mulher, cinco filhos, uma família de agregados, dois padres, além de um estoque de uns quinhentos índios domesticados.

Um belo dia, um barco comandado pelo pirata Robert Lewis parou ali carregado de prata roubada. Dias Velho se meteu naquilo, expulsou os meliantes e tascou a mão no carregamento precioso. Um ano depois, o capitão Lewis voltou com tudo pra se vingar do homem. Aportou, saqueou, tomou de volta aquela prata e, no final da confa, matou o bandeirante, de modo que os membros restantes da família acharam melhor fazer as malas e ir de volta pra São Paulo.

Bandido a granel

ILHA GRANDE (RJ) - A Ilha Grande serviu muitas vezes de esconderijo para praticantes da piratagem de diversas nacionalidades (ingleses, espanhóis, holandeses e até argentinos) que estavam ali de mutuca à espera de navios que seguiam para a Europa depois de serem carregados na costa brasileira com as riquezas tiradas do nosso solo.

O mais conhecido dentre os piratas que atuavam na área foi o inglês Abraham Cock, que chegou a morar na ilha, num local que, por isso mesmo, hoje é conhecido como Abraão. Se você andar uns vinte minutos a partir do Abraão, vai dar de cara com as ruínas de uma casa construída por outro pirata, o espanhol Juan Lorenzo, em 1629.

PARANAGUÁ (PR) - No comecinho do século XVIII, Paranaguá era um pacífico ponto de parada de piratinhas franceses, ingleses e espanhóis, que chegavam ali para repousar e abastecer suas embarcações depois de assaltar barcos apinhados de ouro e prata em alto-mar, além de pilhar e destruir povoações da costa. Mas o povo do lugar sabia que era questão de tempo e aqueles piratas mansos, que vinham em busca de comida e água potável, mostrariam o lado B de suas personalidades. Por isso, viviam com medo.

Pois o pavor foi reforçado no dia em que um piratão francês, o capitão Bolorot, entrou na baía enquanto perseguia um galeão espanhol que carregava prata. A sorte é que já era noite e caiu a maior tempestade. O mar revolto sujigou o navio piratão pra lá e pra cá até que o dito-cujo se espatifou contra as rochas, para alívio geral dos moradores de Paranaguá que estavam assim de aflição ó. Aquilo foi a gota d'água: no dia seguinte, só se falava da necessidade de proteger a vila. Por isso, os portugas meteram dois canhões de

ferro no topo da ilha das Pedras. Outros dois canhões (também conhecidos como "roqueiras") foram colocados no continente. Além disso, Paranaguá passou a ter dois sentinelas que ficavam a postos para avisar as autoridades da cidade caso vissem ao longe navios com velas redondas, muito usadas por piratas da época. Mais tarde, a vila ganhou ainda uma fortaleza com muralhas de 7 metros de altura e 1,5 metro de espessura e outros 12 canhões.

O outro lado do dobrão

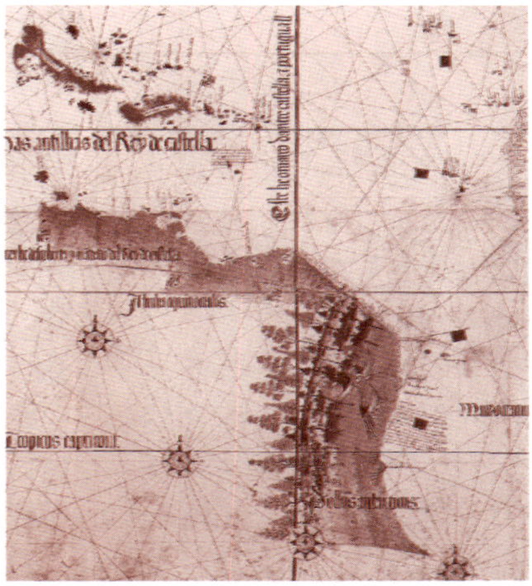

Como dissemos em outras páginas deste belo compêndio, essa coisa de definir quem é pirata-pirata e quem é pirata-estatal (corsário) é pra lá de complicada.

A questão é que os portugas e os espanhóis tinham dividido aquelas terras novas com o tal do Tratado de Tordesilhas. Mas os outros países europeus não gostaram nem um pouco daquilo. Então, esse era o quelelê: os estrangeiros achavam que a empreitada deles – abocanhar um naco daquelas terras, ir vender e comprar coisas – era legal; já o que os portugueses e espanhóis queriam – proibir outras nações de abocanhar aquelas terras – era ilegal.

O que a gente vê quando põe uma lupa na história é que muitas vezes quem atacava era o pessoal do porto, da vila, quanto tudo que o povo do barco queria era dar uma paradinha para "aguada" – nome que eles davam para o que a gente faz quando viaja: parar no posto de gasolina, esvaziar o encanamento no banheiro, comer uma coxinha.

Na verdade, é sempre assim com a história. Dependendo de quem conta os fatos, os acontecimentos ficam mais assim ou mais assado. Um exemplo: os batavos dizem nos livros de história que o pirata deles, Joris Van Spilbergen, fora mandado pra cá em 1614 com uma flotilha de cinco navios em missão de paz, só mesmo à procura de um caminho mais curto daqui pra acolá. Mas que, ao chegarem nestas bandas, foram recebidos pelos portugueses com quatro pedras nas mãos. Então, por causa da recepção nada bacana, o Spil teria dado meia volta e velejado para longe, sem esquecer, é claro, de aproveitar a ocasião para tomar posse de uma caravela dos portugas, lotadaça de prata e mais um monte de quinquilharias religiosas que eles ainda tentaram negociar numa troca: devolviam o barco com tudo dentro se eles liberassem uns holandeses que estavam presos no Rio de Janeiro. Mas ninguém negociou com os sujeitos.

Já a versão portuguesa era de que os holandeses estavam mesmo atacando e ateando fogo e que foi preciso vir reforço de fora e muita pancadaria até que eles conseguiram expulsar os invasores.

Você prefere mono ou estéreo?

Portugal queria ter o monopólio do comércio com a gente. E monopólio é como som mono: é tudo só de um lado, só com uma parte, como se o som do seu MP3 tocasse só numa orelha sua. No monopólio, uma pessoa, empresa ou governo tem o privilégio de ser o único a mexer com um troço. E, em geral, toda vez que a gente vê um monopólio, quem dança é o consumidor final, obrigado a comprar aquele serviço ou produto de uma única fonte. Ou seja, a gente fica sem opção. E a qualidade tende a cair, enquanto o preço tende a subir.

Mas Portugal não estava nem aí para o consumidor final. Só queria saber de encher os cofres do rei lá em Lisboa. Então, chamar de pirata qualquer comerciante que poderia quebrar o monopólio português era interessante para os nossos colonizadores, porque eles queriam que o povo ficasse com medo de comprar as mercadorias mais baratas que aqueles concorrentes ofereciam. De acordo com a lei da época, produtos comprados de pirateiros podiam ser tomados do comprador, daí era melhor para os portugas rotular qualquer um de pirata.

Além disso, a idéia de falar que todo estrangeiro era pirata que ia bater, quebrar, incendiar, roubar, maltratar e o escambau levava todo mundo a evitar, a temer fazer negócios com aqueles sujeitos e a se unir contra esses "inimigos".

Os piratas modernos

Por que parou? Parou por quê? E será que parou?

A mola que fez a pirataria deslanchar foi a descoberta de novas terras, ao mesmo tempo em que novas tecnologias surgiram para fazer das longas viagens uma possibilidade real. A Espanha do século XVI era uma superpotência, mas não demorou muito para a França, a Holanda e a Inglaterra cutucarem os espanhóis. Às vezes eles declaravam guerra uns aos outros, e aí, nessas horas, os ataques e pilhagens pareciam legais, com carta de corso autorizando a bandidagem. Mas na maior parte do tempo, os saques eram um exercício puro e simples de roubalheira e cara-de-pau bancada pelos governos. Isso primeiro deu impulso e depois ajudou a acabar com os piratas.

O que aconteceu é que os governos se estruturaram melhor, os tempos mudaram um tiquinho e então os piratas, que antes eram uma solução bacana, passaram a ser indesejáveis. E foi isso que deu cabo dos piratas estatais. Aos poucos, todo pirata passou a ser bandido. E isso fez aumentar o volume de violência dos piratas que restaram, que queriam vingança por serem agora escorraçados de toda parte, o que, num ciclo vicioso, fez o combate à pirataria também ficar mais apertado e violento.

Em 1700, uma nova lei britânica passou a levar os piratas mais facilmente à forca onde quer que eles fossem encontrados. Antes, era preciso transportar o figura para Londres para ser julgado e aquilo complicava demais. Kidd foi um dos primeiros a dançar de acordo com a nova música (dizem até que a lei foi apressada justinho para acabar com ele).

Depois passou a ser relativamente comum encontrar vinte, trinta defuntos enforcados num ponto qualquer do mapa do império inglês. Em 1722, por exemplo, de uma só tacada, pelo menos 59 piratas da turma de Bartolomeu Roberts foram executados na costa da Guiné.

Outra coisa que ajudou a acabar com esse período de farra pirateira foi a chegada de uma certa calmaria na Europa, com menos guerrinhas acontecendo dia sim, dia não. E com a paz, aqueles navios de guerra ficaram meio que por conta de caçar piratas. Além disso, o comércio ia de vento em popa, e aquela roubalheira irritava os comerciantes que também botavam ainda mais lenha na fogueira contra os pirateantes. *Sir* Henry Morgan é um bom exemplo dos novos tempos, pois ele saiu da Inglaterra e voltou para o seu amado Caribe como governador da Jamaica e com a missão de caçar aqueles que antes eram seus iguais: os piratas.

A pá de cal veio com a chegada dos barcos a vapor, já que todo navio oficial podia navegar independentemente de haver ventania ou não – enquanto os piratinhas continuavam a depender do vento para encher as velas içadas. E foi assim que a pirataria murchou.

Mas se engana quem pensa que a pirataria está completamente morta e enterrada. Ela continua a existir nos dias de hoje. Tanto nos mares quanto em terra firme e até em "terras" virtuais.

No mundo da pirataria, os recantos mais perigosos para os navegadores de hoje são as águas da Indonésia, Somália, Bangladesh, Nigéria e ainda do estreito de Málaca, no Extremo Oriente. Os piratas dessas regiões são sanguinários, atacam sem dó, matam e roubam o navio e a carga ou, às vezes, apenas a carga. A Interpol, que é a polícia internacional bancada por mais de 180 países, inclusive o Brasil, trata o assunto como problemaço. As companhias de seguro das embarcações também.

Além disso, todos os navios recebem diariamente os boletins que organizações internacionais distribuem e que relatam novos casos, novas estratégias de ataques e novas áreas de risco.

Mas não são apenas os grandes navios de carga que sofrem hoje em dia com os piratas. Os barcos de passeio e os iates também são vítimas. Segundo os navegadores, o mapa dos ataques, no entanto, não segue o do roubo de grandes navios. No caso das pequenas embarcações, o problema tem a ver com a costa de países pobres, onde ladrões – às vezes sofisticados e bem armados, às vezes na base do improviso – assaltam de olho no lucro rápido.

O Brasil, por exemplo, está listado como perigoso. Em especial, na área do rio Amazonas. Houve até um caso terrível em 2001, quando piratas armados invadiram o veleiro do craque das velas, o neozelandês Peter Blake, matando o camarada quando ele estava no meio de uma expedição pelo nosso mais famoso rio com o objetivo de mostrar ao mundo como a falta de cuidado do ser humano com o planeta está afetando a natureza.

Outros piratas dos dias de hoje

BIOPIRATAS: Alguém vem, cata uns genes de uma planta e depois faz patente daquilo, dizendo que, dali em diante, aquela planta tem dono. E se você quiser plantá-la ou usá-la para fazer remédio, xampu, salgadinho ou qualquer outra coisa, vai ter que desembolsar um capilé bacana. Isso é a biopirataria.

NANOPIRATAS: A nova moda é a nanopirataria, isto é, conseguir patente de seqüências genéticas, de moléculas e até de elementos da tabela periódica!

Tanto a bio quanto a nanopirataria rolam como um roubo mesmo, na caradura. Gente de fora vem, colhe o material, volta para o país de origem, organiza aquele achado, faz patente e fica dono. Mas, às vezes, o treco é mais complicado, porque vem todo despistado, embalado como se fosse um bonito acordo de pesquisa que depois vai dividir os lucros aferidos com aquele país ou comunidade onde o item roubado é nativo. Pois é, parece cem por cento sumpimpa, mas, nesse caso, há quem pense que o crime continua acontecendo, porque é como se alguém chegasse na sua casa e dissesse "olha, eu vendo a sua escova de dente e aí lhe dou uma parte do lucro". E você fica pensando que, de repente, não quer vender aquilo por mil e um motivos e que, se fosse o caso de querer fazer negócio, você mesmo podia vender a escova e ficar com todo o lucro.

PRÊMIO CAPITÃO GANCHO

Um punhado de entidades que lutam contra a bio e a nanopirataria inventaram um "prêmio" que é dado a cada dois anos para os piores do ramo, ou seja, as empresas, os países, as instituições que mais bio ou nanopirateiam. O prêmio é chamado de Capitão Gancho e é representado, claro, por um baita de um ganchão.

CIBERPIRATAS: Aqui estamos falando de gente que registra o nome, logomarca, ou *slogan* de uma empresa como sendo seu domínio na internet. É que todo endereço da internet tem dono. Eu posso pensar num nome para minha *webpage*, aí acho uma firma que faz o registro de domínio. Eles checam o nome que inventei para ver se já não existe outra pessoa usando. Se não tiver, eu fico dona daquele nome, daquele www.onomequeescolhi.com.br. Daí passo a pagar uma taxa todo ano para garantir que esse nome continue comigo. Acontece que algumas pessoas, ciberpiratas, registram nome de empresas, de produtos, logomarcas, *slogans* assim na calada e depois querem vender para quem deveria ser já meio dono daquilo.

PRODUTO PIRATA: No Brasil, todo mundo compra coisa pirata o tempo todo e não está nem aí, apesar de estar cometendo um crime. A maior desculpa que a gente ouve é que o produto é caro demais e, como o similar pirata é baratinho, é melhor economizar essa grana. Mas o que nós, brasileiros, levamos quase que na brincadeira, a Interpol trata com mão pesada porque, segundo eles, as grandes máfias da pirataria de produtos faturam hoje mais dinheiro do que o temido tráfico de drogas.

FALA SÉRIO...

Nunca consegui entender como jornal aceita publicar anúncio de coisa proibida. Mas é só abrir qualquer diário do Brasil e a gente vê lá a galera anunciando sem problema algum software pirata. Não é doido demais?

COMPUTOPIRATARIA: Esse nome não existe. Acabei de inventar. Mas, se quiser, você pode usar à vontade, pois eu não patenteei, não registrei no Instituto Nacional de Propriedade Industrial (INPI), e ele até que ficou um nome bonitinho, não ficou? Feio ou bonito, a verdade é que no Brasil a coisa mais rara de se ver é alguém que usa software legítimo, não-pirata. E o pessoal da área acha que isso tem uma explicação calcada na história.

Antes do governo Collor, o Brasil tinha uma coisa chamada Reserva de Mercado da Indústria Nacional de Informática. No papel, aquilo era interessante: a idéia era que as indústrias estrangeiras não podiam entrar no Brasil para vender nada que fosse da área de informática e que, assim, sozinhos na frente do gol, as indústrias de computadores, sistemas, programas e joguinhos brasileiros iam fazer bonito. O problema é que, na prática, o tiro saiu pela culatra: a maioria dos produtos brasileiros ficou pra trás em termos de qualidade, os produtos custavam os olhos, a sobrancelha e os cílios da cara, e o contrabando corria solto. Começou ali a mania nossa de comprar software pirata.

Quem vende, compra, empresta, pega emprestado e instala, ou até mesmo o motoboy que só entrega o CD de software pirateado, está cometendo crime. Ah, sei, a polícia do Brasil está muito ocupada com bandido barra-pesada e ninguém vai prestar atenção no que eu, uma pessoinha qualquer, sem significância alguma, ando fazendo. Vai ver você tem razão, mas crime é crime. Lei é lei. E a gente não deve cumprir a lei só porque corre o risco de ser pego. A gente devia cumprir a lei porque entende que toda lei é um acordo entre todos nós, sobre como nós queremos viver e respeitar uns aos outros.

DEIXA DE SACANAGEM COM OS GENÉRICOS, SÔ!

Já tem vendedor de pirata tentando passar um verniz mais bonitinho no que faz e chamando o que vende, principalmente material de computação, de "produto genérico". Mas isso aí já é sacanagem, e das grandes, com os remédios genéricos, que são uma opção de venda de medicamentos mais baratos e de qualidade.

Muita gente usa a desculpa de que o software é caro e é só por isso que eles compram os produtos piratas. Mas se mais gente comprar o software legítimo, o preço do produto tende a cair. Mesmo porque, de um modo ou de outro, é sempre o consumidor quem paga o pato. Ou você acha que o cara que fabrica o software legítimo, quando calcula o preço do bicho, já não embute ali o que ele sabe que vai perder com as cópias piratas?

Claro que quem ganha aquele salário que é o mínimo do mínimo não tem grana pra comprar programa de computador legítimo. Mas, vamos falar aqui bem baixinho: é esse mesmo o seu caso? E a solução para quando a gente não tem os cobres no bolso para comprar alguma coisa é cometer um crime?

***HACKERS* E *CRACKERS*:** A palavra *hacker* entrou para o vocabulário meu e seu porque a polícia começou a caçar esse pessoal, dizendo que eles invadiam os computadores dos outros. Mas a galera ligada mesmo ao mundo da computaria discorda disso. Essa turma faz distinção entre *hackers* e *crackers*.

Para eles, os *crackers* são esses bandidos que sacaneiam com o computador dos outros, enquanto os *hackers* seriam gente do bem, uma galera que manja demais de computador e que abre o código dos programas que eles inventam para que todo mundo possa ter acesso a essa informação. Um exemplo desse tipo de *hacker* é Ray Tomlinson, criador de nada mais, nada menos que o *e-mail* (ele fez isso em 1971 e é o responsável por todo mundo usar @ nos endereços de *e-mail*).

Mas dizem que essa coisa de colocar no mesmo saco de farinha os *hackers* e os *crackers* surgiu do nervosismo dos grandes fabricantes de programas de computador. Parece que eles temiam uma queda nos lucros se os *hackers* saíssem por aí criando bons produtos digitais e os deixassem liberados para todo mundo usar e aprimorar. E, por isso, criaram essa confa de chamar os *crackers* de *hackers*.

Dito isto, é preciso saber que os *crackers* são um grande problema hoje em dia. Uma pesquisa feita pela Universidade de Maryland, nos Estados Unidos, diz que a cada 39 segundos uma máquina é atacada na internet. E pode ser o meu, o seu ou mesmo um computador de um banco, de um exército, da torre de um aeroporto. Ou seja, há problemas sérios que os *crackers* podem causar, que vão além de você ou eu perdermos tudo que temos no nosso C drive. E, por isso mesmo, há cadeia para quem entrar numas de fazer esse jogo sujo e criminoso.

RÁDIO PIRATA: Durante muitos anos, todas as rádios européias eram do governo e muita gente estava descontente com aquilo. Para protestar, uns empresários montaram rádios em navios que ficavam fora das águas territoriais do país, ou seja, fora do alcance da lei, mas com transmissores potentes o bastante para que as pessoas no continente pudessem acompanhar a programação. Como esses navios costumavam erguer uma bandeira negra, a associação com o mundo dos piratas foi automática. E foi assim que o nome rádio-pirata surgiu.

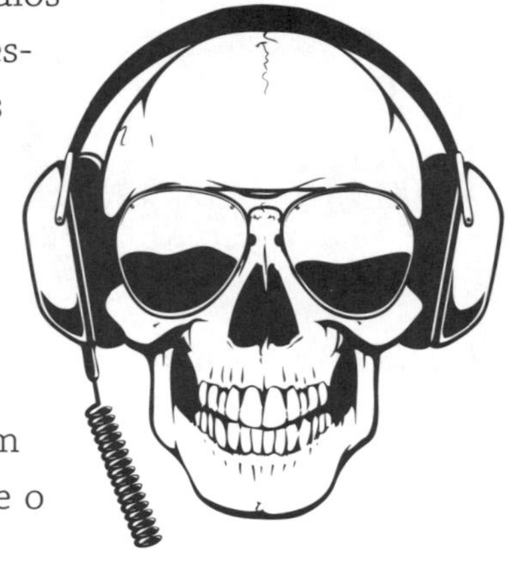

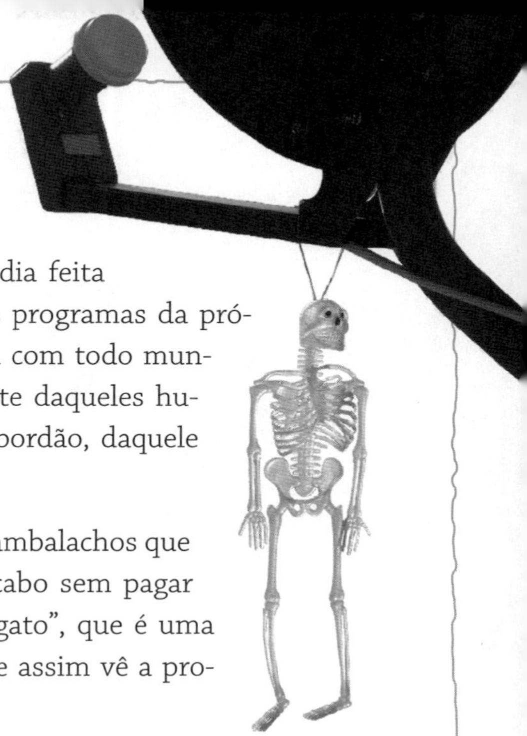

TV PIRATA: Essa coisa de TV pirata tem vários significados. Um deles é o programa de humor da Globo que estourou no final da década de 1980 e que mudou a cara da comédia feita no Brasil, porque eles tiravam sarro de outros programas da própria emissora, esbanjavam ironia, escrachavam com todo mundo e faziam muita paródia. Tudo bem diferente daqueles humorísticos feitos na base da repetição de um bordão, daquele esqueminha sempre conhecido.

Mas a expressão TV pirata pode se referir aos cambalachos que algumas pessoas fazem para poder ver TV a cabo sem pagar mensalidade. O surrupiador providencia um "gato", que é uma ligação ilegal interceptando uma ligação legal, e assim vê a programação sem gastar seu dinheirinho.

E há ainda a emissora de TV ilegal, que não tem concessão do governo para funcionar. Em geral, são emissoras pequenas, que alcançam alguns quarteirões, funcionam poucas horas por dia e que acabam cometendo também o crime de exibir programas gravados em videocassete de emissoras legais ou ainda DVDs que eles simplesmente pegam numa locadora.

PIRATAS DO TIETÊ: O Laerte é um cartunista do primeiro time, criador de vários personagens inesquecíveis e que também fez uma coisa muito legal: publicou um livro que a gente podia recortar ou xerocar e usar na hora de fazer jornal, panfleto, pôster para sindicatos e associações! Era dez e eu o usei muito na minha vidinha. Mas o caso aqui é falar da revistinha/tirinha que ele criou chamada Piratas do Tietê.

Se você não sabe, fica sabendo agora: o rio Tietê é um rio sofrido, coitado, que passa limpo e bonito noutros municípios, mas que, na cidade de São Paulo, parece mais um rio morto, paradão, sujo, fedido que dá dó. Pois o Laerte criou esse bando de piratas sem o menor escrúpulo que estariam navegando ali, naquelas águas poluídas. E a tirinha fez o maior sucesso.

É mal-educado e ingrato. E eu odeio a idéia de você achar que eu sou a rainha da ingratidão. Então, tenha paciência e leia cá a minha lista de queridos apoiadores e apoiadoras. Respire fundo e vamos lá!

Vai ver você não conhece a minha família, mas ela é demais e sempre me dá a maior força. Isso vale para a penca de tias que tenho, todas com V (Vilma, Virgínia, Verônica e Vanda), e ainda para o meu tio Fernando, que já foi transferido para etéreas alturas, mas continua um querido maiúsculo. Além deles, têm a minha vovó Walkyria, minha tia-avó Arlete, minha supermãe Vânia, meus avós já falecidos, Fortunato e Sebastião, e meu pai, que também já se foi, o Dr. Lúcio. E eu conto ainda com a força total dos irmãos, cunhadas e sobrinhos (Lufá, Rachel, Lucas e Oliver e Lucé, Jennifer, Nicholas e Victor). E há a minha irmã predileta, a Dodora de mil talentos.

Há, ainda, amigos dispersos por toda parte e a quem sou para todo o sempre eternamente agradecida: Claudia, Dudu, Cândida, Maya, Ana, Renato Athayde, Ivana, Lene e dona Nazaré, Aline com o filhote Gabriel, Spiel, Juca, Ro, Luquinha, Zuzu, Chico, Sérgio, Códia, e todas as figuraças do Grupo Escolar Eugênio Scharlet, do Polivalente, do Marconi e do Pitágoras Cidade Jardim. O pessoal da FAFICH. Do Anglo da cidade de São Paulo. De todas as rádios, emissoras de TV, produtoras de eventos, produtoras de vídeo, produtoras de áudio, editoras, jornais e revistas que tiveram a paciência de trabalhar comigo.

Um beijo e um queijo vão embrulhados em papel celofane pra turma do "Travessuras" de Sete Lagoas e para o pessoal da "Brazilian Wave".

O amigo de carne e osso e, hoje em dia, dublê de patrão virtual, Romagnolli, mais a Ciça e o Daniel. O pessoal de Angola e de Londres. E a galera que trabalha comigo em Toronto: a Cláudia e a filha Dominique, o Cristiano, a Geisa, o Max, a Ana, a Rosa e o Gabe, além da Cecília, lá de Los Angeles. Ah, e o Alfonso também!

Fica aqui registrado meu imenso carinho aos Rosenberg de Sampa, à Lu, minha (sa)fada madrinha e filhos e à Lia e filhos – aliás, já viram o livro da Lia, *O especialista em dinossauros*?

E pra terminar, deixo um beijo único e barulhento pra Roberta Wiseman e outro pra você, falou?

Post-scriptum

Este livro não é de história e nem acha bacana crime ou bandido. É apenas um livro de curiosidades sobre alguns acontecimentos históricos sem maior responsabilidade do que a de divertir e despertar o interesse do leitor pelo tema.

IMPRESSÃO E ACABAMENTO
Bartira Gráfica e Editora S/A